现代企业管理基础与实务的创新研究

连　波　杜林慧　著

中国原子能出版社
China Atomic Energy Press

图书在版编目（CIP）数据

现代企业管理基础与实务的创新研究 / 连波，杜林慧著 . —— 北京：中国原子能出版社，2021.6
ISBN 978-7-5221-1457-6

Ⅰ . ①现… Ⅱ . ①连… ②杜… Ⅲ . ①企业管理 – 研究 Ⅳ . ① F272

中国版本图书馆 CIP 数据核字 (2021) 第 119287 号

内容简介

本书是关于企业管理理论与实务的学术著作。本书以研究经济时代的企业管理创新为目的，从各个方面论述了企业管理创新的现状、重要性和发展方向，表明了管理创新是企业永恒的话题；阐明了管理创新就是要训练开放式、发散式的思维方式，综合多学科的知识，学会逆向思维，改进和突破原有管理理论和方法，为提高我国企业在全球市场的竞争力提供良好的理论支持。本书适合广大企业管理人员和对该领域感兴趣的读者参阅。

现代企业管理基础与实务的创新研究

出版发行	中国原子能出版社（北京市海淀区阜成路 43 号　100048）
策划编辑	高树超
责任编辑	高树超
装帧设计	河北优盛文化传播有限公司
责任校对	宋　巍
责任印制	赵　明
印　　刷	三河市华晨印务有限公司
开　　本	710 mm×1000 mm　1/16
印　　张	13.25
字　　数	230 千字
版　　次	2021 年 6 月第 1 版　　2021 年 6 月第 1 次印刷
书　　号	ISBN 978-7-5221-1457-6
定　　价	68.00 元

前 言
preface

管理学大师彼得·德鲁克说："在人类历史上，还很少有什么事比管理的出现和发展更为迅猛，对人类具有更为重大和更为激烈的影响。"现代社会，管理已经成为联结自然与社会，调节计划与市场，调和人生价值、组织目标与社会责任，以及统筹人们生活、生存与发展必须具备的知识与能力。好的管理既需要科学的理念，又需要恰当的方式。现代企业是随着社会环境的发展而变化的，管理理念也应与时俱进，而当下最具颠覆性的社会变革就是信息时代的到来。因此，要想使现代企业管理进一步发展、创新，就必须将其放在信息时代的背景下统筹思考。

从农耕时代到工业时代，再到信息时代，技术力量不断推动人类创造新的世界。互联网是人类最伟大的发明之一，不仅改变了人类世界的空间轴、时间轴和思想维度，还在全球范围内掀起一场影响人类所有层面的深刻变革，人类正站在一个新的时代到来的前沿。互联网在过去的 20 年里改变了消费者的行为和商业运营的环境，随着虚拟化、信息化程度的加深，全球正迎来以"工业 4.0""工业互联网"等为代表的新一轮科技革命与产业变革浪潮。中国接入互联网以来，已发展为世界互联网大国，不仅培育了一个巨大的市场，还催生了许多新技术、产品新业态和新模式。中国经济正由传统经济向数字经济的转型，中国的企业特别是传统企业面临严峻的挑战。

在新的时代背景下，企业的认知升级如果跟不上时代发展速度，就会面临更多的风险和挑战。正如一句话所言："没有伟大的企业，只有时代的企业。"在"互联网 +"的潮流中，"转型"一词频繁地出现在传统企业中，技术创新，产品创新，商业模式创新，但是管理其实最重要，却往往被人忽视。互联网时代给企业管理提出很多新的挑战，如领导力和执行力的挑战、市场和企业边界的挑战、组织结构变化的挑战、信息交流和管理的挑战、管理新生代员工的挑战等。

本书由包头轻工职业技术学院连波、杜林慧共同撰写完成。具体分工如下：连波负责第一章至第五章的内容（共计 14 万字），杜林慧负责第六章至第八章的内容（共计 9 万字）。全书由连波负责统稿工作。

本书共为分八章：第一章阐述企业的相关概念，其中包含企业的类型、公司的概念、创业的基本概述等内容；第二章详细分析管理以及管理原理的特点，介绍了什么是管理学，第三章详细介绍了信息时代企业管理的特点以及创新；第四、五、六章分别对企业的战略管理、财务管理以及人力资源管理进行分析；第七章阐述信息时代企业业绩评价的概念，分析企业业绩评价的特点和要素、评价的不同阶段的特点以及评价方式等；第八章介绍如何在信息时代根据公司的特点进行公司治理以及激励，分别根据不同公司的不同特点给出建议。

连 波
2021 年 5 月

目 录
contents

第一章 企业相关概述

第一节　企业概述

一、企业的特点

企业是为满足社会需要并获取盈利，进行自主经营、自负盈亏，实行独立核算，具有法人资格，从事生产、流通和服务等活动的基本经济单位。从这一企业概念中可归纳出企业的五个特点。

（一）企业是一个经济性组织

人们把经济理解为"经世济民"，意思是要在有限的资源条件下，使用尽可能少的投入来创造尽可能多的社会财富，以满足社会日益增长的物质和文化生活需要。企业作为一个经济性组织，是一个投入—产出系统，即从事经济性活动，具体表现为从事生产和营销等方面的活动，把资源按照用户的需要转变为可被接受的产品与服务。企业具有经济性的目标，即在经营的过程中实现"产出 / 投入"的最大化。具体而言，企业不同于行政事业和福利性机构，它必须获取盈利。盈利是企业创造附加价值的组成部分，也是社会对企业所生产的产品和服务满足社会需要的认可与报酬。在发育完善的市场体系下，企业获得的利润报酬与其为社会做的贡献成正比；对于不获利或亏损的企业，则可认为其是在占用、浪费社会资源，是不应让其继续存在的。企业的经济性或获利性还意味着政府的税收、国民的福利、公益事业的发展，企业自身的扩大再生产，职工生活水平的不断提高。对于当今绝大多数的企业来说，经济性不仅是一种要求，还被认为是企业行动的最高且唯一的目的，即实现利润的最大化。

（二）企业是一个社会性单位

企业不仅是经济组织，还是社会组织。在现代社会中，企业的社会性功能已不再单纯地从属于其经济性功能，不是简单地反映为"取之于社会，用之于社会"的道义方面的要求，现代企业已是一个向社会全面开放的系统，它所承担的社会责任与政治责任有时甚至会对其经济性行为产生决定性影响。所以，企业概念中的"满足社会需要"不仅指满足用户甚至市场的需要，还指满足企业股东和一切经营及其结果的相关者的需要，这些相关者都在不同方面、不同程度上与企业发生着联系，影响、帮助或制约着企业的行为。这形成了企业经营的社会环境，企业无论如何也是脱离不了这种环境的。应当注意到，企业社会性的责任和功能有时与其经济性的责任和目的会形成矛盾，结果往往是迫使企业在经济性方面妥协，因此企业利润最大化的目标一般是很难实现的。企业的社会性要求其管理者不仅要有经济头脑，还必须会解决社会和政治问题。

（三）企业是一个独立法人

企业具有自己的独立财产与组织机构，能以自己的名义进行民事活动并承担责任，享有民事权利。企业的法人特点决定了它须依照法定程序建立组织，如必须在政府部门登记注册，应有专门的名称、固定的工作地点与组织章程，具有独立的财产，实行独立核算，能够充分独立、自主经营，等等。同时，作为法人，企业只对"有限"的自己负法律责任，如企业的行为并不殃及其员工，企业资产的清算仅对法人的注册资本与负债有效，并不涉及出资人的其他财产问题。因此，独立法人的特点决定了企业一定是自负盈亏、独立核算与自主经营的。企业的经理、厂长是法人代表，应该对自己的权利有充分的认识，也应对自己要负的责任有明确的了解。

（四）企业是一个自主经营系统

除了独立法人的自主权利与责任所要求的自主行动之外，由于企业是在市场中运作的，面对的是各种各样的需求、稍纵即逝的机会、优胜劣汰的竞争，其经营决策除了需要有效性，还必须强调行动的高效率，这也要求企业对其经营要有充分的自主性，不应受到其他方面的直接干预。同时，对于企业经营者来说，自主经营除了行动的自主性之外，还意味着与自主经营对应的"自觉"负责，包括"自负盈亏、自我积累、自我发展和自我制约"，这些都是所有权与经营权分离之后，企业经营管理应该承担的义务。为了利用好自主经营，使企业得以长期、稳定发展，管理者还必须建立一个管理科学的企业经营系统，其中包括有效的企业组织与领导体制、高效率运作的经营决策机制。

（五）企业是历史发展的产物

企业是商品经济的产物，是生产力发展到一定水平的产物。在奴隶社会和封建社会中，主要的经济形态是自给自足的自然经济，家庭既是社会的基本单位，又是经济的基本单位，那时少数的手工业作坊的生产都不是为了交换，而主要是为了自身或给奴隶主、封建主消费，因此这种以家庭和手工业作坊为基础的自给自足的生产组织形式都不叫企业。只有商品交换发展到了一定程度，尤其是中间商介入生产与交换时，才开始产生最原始的企业组织——简单协作生产制。这种生产形式的核心是中间商控制家庭或作坊的生产，原料的购进、销售的环节都与生产相脱节，虽然生产工具和劳动力还主要以家庭或作坊为主，但生产者已经在向雇工过渡，生产的目的不再以个人或家庭消费为主，生产的组织正在向着社会化协作的方式演变。

随着工业革命和大机器生产的推行，掌握着市场、原料和大量流动资本的中间商开始直接进行生产性投资。在机器应用于生产的年代，并不是机器走入家庭，而是家庭作为经济细胞彻底破裂，生产者变成雇工和无产者，这时的企业就是以第一次工业革命为基础的工厂生产制企业。由此可见，企业自诞生那天起就背负着"希望与罪恶"，它代表着新的生产方式，是社会化生产的开始，意味着生产效率与管理效率的提高，创新、创造活动空前活跃，但与此同时，企业的功利取向又使经营者在方法合理的外衣的掩盖下，肆无忌惮地榨取剩余价值，牟取暴利，采取一切手段达到目的。虽然社会主义的企业与资本主义的企业有着本质的区别，但在社会主义初级阶段，人们对它也必须要有全面的认识，尤其是管理者，除了应有明智的头脑外，还需要有正确的价值观。

二、企业的使命

企业在创业初期有强烈的生存欲望，而并不在意生存究竟为了什么，但随着其发展壮大，生存已慢慢不是问题，当企业不再面临生存挑战，而面临发展选择时，企业的使命、信念、理想一类的问题便会自然产生。

企业的目的包括满足社会需要和获得盈利，即"顾客满意＋合理利润"，这反映出企业社会与经济两方面的职能与责任。然而，在管理者实际决策时，完全保证两方面目标的实现往往不如单一目标的实现简单明确，况且社会利益与经济效益对企业而言并非总是协调、统一的。在这种情况下，管理者的决策可能遇到这种问题：企业经营的目的究竟是什么？是以"合理利润"为目标，以"顾客满意"为手段，还是以"顾客满意"为目标，"合理利润"为回报？这并不是要评判哪种方式正确，而是要通过对这一问题的讨论，使管理者对自己企业的使命、经营理念与企业文化等有进一步的认识。人们对企业的社会责任问题有两种不同的看法，主张企业只应负有限社会责任的人认为，在一个自由竞争的市场体系下，企业追求私利极大化的过程会导致社会公利极大化的结果；担负社会责任的企业往往以牺牲企业利润和效率为代价；社会的公平取决于代表民意的政府，而不应由企业领袖来参与；企业管理者应接受更多的营销、生产、财务方面的职业训练，社会决策并非他们所长；企业利润分散于社会，既不稳定，又不充足，不能有效地解决社会问题。因此，他们认为企业主要完成其经济任务，追求利润，社会问题则由政府或社会本身来解决。另一种观点认为，企业应该具有社会责任感，因为这对企业本身有很大的好处。如果企业都不进行大规模裁员，就不会有很高的失业率，购买力也不会下降，企业市场便不会萎缩；如果企业不管社会问题，很有可能会导致社会混乱，受害者仍是企业；如果企业不顾社会，人民就会转向政府，要求对企业进行更严厉的管制，这有可能更为糟糕；有许多问题的确是企业造成的，企业有义务负责改善社会环境及其公众形象。

企业作为一个经济系统，无论从哪一方面来说都必须是盈利的，千方百计地提高经济效益是管理者的中心任务。然而，盈利是应该被作为直接目的来追求，还是被当成一种过程产物来看待，这一问题是值得管理者考虑的，那些经营较好、正在谋求进一步发展的企业更应慎重考虑这一问题。如果管理者把盈利作为最高目标加以追求，其他的一切都只是实现这一目标的手段，就比较容易导致经营的短期行为，影响战略目标的实现，容易使企业去追逐高回报率的行业或市场，而不易使企业在长期竞争中把注意力集中于自身素质的提高，这可能会对企业长远的生存与发展产生基础性的动摇。相反，若企业把更多的精力用于关注市场、用户，对市场的变化、用户需求变化趋势能够了解和掌握，并迅速做出反应，甚至引导、把握其趋势的变化，企业就可在市场上长久不衰，日益兴旺，有较高盈利水平，而且盈利稳定性会很好，同时有较高市场占有率与良好的公司形象，经营风险较低。由此可见，如果企业把眼光更多地放在服务对象上，更多地关注长远的社会、市场、顾客利益，社会和用户是会充分予以回报的。利润作为服务过程的产物将自然而然地产生，而无须刻意追逐。

松下幸之助说："生产的目的是以丰富大众日常生活的必需品、改善及扩充其生活内容为主要目的。"这部分地揭示了松下公司成功的秘密。在世界经济大萧条时，松下先生就在考虑"生产者的使命""为什么办企业"这类经营理念问题，并从一次偶然的宗教活动中悟出了"正义的经营"之道，即宗教事业是全力以赴地引导广大有烦恼的人获得精神寄托，是使其人生幸福的神圣事业，而我们所经营的事业是生产人类生活所需要的物质产品，因而它也是必不可少的神圣事业。他认为，"实业人的使命就是克服贫困，就是使整个社会脱贫致富。把商店和工厂繁荣起来并不是经营和生产的目的，而是通过其劳动和活动，使社会富起来"。在这一信念下，顾客满意与合理利润问题就很容易解决了，"所谓利润应该看作对完成企业使命所给予的报酬。因此，没有利润的经营可以看作这个企业对社会贡献小，没有完成本来使命"。

美国著名的经验主义学派管理学家彼得·德鲁克曾指出："企业目标的唯一有效定义就是要创造顾客。"德鲁克的本意不是说企业只管创造顾客及服务用户，而可以不管成本或不盈利，他是想告诫经理及管理者存在着一种更好的经营思想，即时刻不要忽视顾客，不要"只顾盈利而不爱服务"，若不管用户需求，服务不佳，企业在竞争中必然受挫，自然难以获得盈利，而追求"创造顾客"，则盈利是必然的结果。

由此可见，虽然企业追求经济性甚至以利润为经营目标无可厚非，但中外管理学界与实业界也在思考、探索一种更好的经营思想，试图把企业利益与公众、客户利益更好、更自然地协调统一起来。

第二节　企业类型

现代市场经济的活力归根结底来自企业。企业是社会最具有活力的细胞，形式多样，情况复杂。为了便于进行研究，有必要对企业进行分类。企业类型在不同的国家有所不同，下面仅对我国的企业进行分类。

一、按所有制性质分类

（一）国有企业

我国的国有企业又称全民所有制企业，是指所有权为国家所有，依法注册、登记，自主经营、自负盈亏、独立核算的生产经营组织。国有企业具有法人资格，以国家授予其经营管理的财产承担民事责任。国有企业财产归国家所有，对国家负责，经营目标是确保国有资产保值和增值。因为我国全民所有制企业采取国家所有制形式，由国家代表全民行使所有者的职能，所以国家有关管理机构的完善程度与管理人员的素质等问题就会影响到国有企业的正常、高效运营。国有企业发生的亏损有时不单纯是经营性亏损，还有可能是政策性亏损。政策性亏损是企业为实现国家规定的社会公益性目标或者指令性计划而形成的亏损。经营性亏损是企业自身经营管理不善造成的。国有企业经营管理中存在的政府性行为与市场经济的不适应是我国改革进程中的一个大问题，还有待解决。

（二）集体企业

集体企业即集体所有制企业，是指所有权属于人民群众集体所有，依法注册、登记的生产经营性组织。集体所有制目前在我国主要分为农业中的集体所有制和工商业中的集体所有制，其中农业中的集体所有制现在主要是指家庭联产承包责任制。

（三）私营企业

私营企业是指生产资料属于私人所有，依法注册、登记的生产经营性组织。私营企业的所有权属于私人企业主，所以其资金规模一般不大。

（四）混合所有制企业

混合所有制企业是指所有者中可能既有国家和集体等公有制成分，又有个人与外资等私有制成分的企业，是不同性质所有制之间的联合。其混合所有制的性质使其组建和经营更加灵活，更有利于资源的优化组合和合理调配，应变能力较强。

二、按资本来源的国别分类

（一）中资企业

中资企业是指资本来源于我国境内，所有者为中国公民或法人的生产经营性组织。我国绝大多数的企业是中资企业。

（二）外资企业

外资企业也称外商独资经营企业，是指外国的企业、其他经济组织或者个人依照中国的法律和行政法规，经中国政府批准，设在中国境内，全部资本由外国投资者投资的企业。

（三）中外合资经营企业和中外合作经营企业

中外合资经营企业是指由外国投资者和中方投资者依照中国的法律和行政法规，经中国政府批准，设在中国境内的由双方共同投资、共同经营，按照各自的出资比例共担风险、共负盈亏的企业。中外合资经营企业一般采取股权方式组成，其组织形式多为有限责任公司。

中外合作经营企业是指契约式的中外合营企业，是由外国企业、其他经济组织或者个人同中国的企业和其他经济组织依照中国的法律和行政法规，设在中国境内的由双方用契约确定各自的权利和义务的企业。中外合作经营企业可以依法取得中国的法人资格，也可以不具备法人资格。具备法人资格的中外合作经营企业一般采取有限责任公司形式，投资者以其投资或者提供的合作条件为限对企业承担责任；不具备法人资格的中外合作经营企业，合作双方依照中国民事法律的有关规定承担民事责任。

三、按信用基础分类

（一）人合型企业

人合型企业的信用基础是人，投资者组建企业主要凭借相互信任。合伙制企业即属于人合型企业,合作双方拥有平等的决策权。这种企业受人际关系、信用程度和个人财力的限制,融资能力较差,一般规模比较小。

(二)资合型企业

资合型企业组建的基础是资产,其信用基础是资产。股份有限公司就是典型的资合型企业。资合型企业的融资能力较强,规模一般比较大。

(三)两合型公司

两合型公司是指兼有人合与资合两种性质的公司,其主要股东(经营者)以相互信任的人际关系为基础,而一般股东以资产为信用基础。这样的企业兼有人合型企业与资合型企业的优点,但在实际组建和运营中存在固有的缺点,因此两合型企业并未形成气候。

四、按股东对公司债务承担的责任分类

(一)无限责任公司

无限责任公司是指由两个以上的股东组成的全体股东对公司的债务负无限连带清偿责任的公司。其特征如下。

其一,公司解散清算时,股东要以自己的全部动产与不动产来对公司所负债务负责,即当公司资产不足以清偿公司债务时,股东要以自己的资产来清偿。

其二,无限责任公司的设立简单,通常没有法定的最低注册资本额的限制,也无须对外公开财务状况。

其三,股东转让股权受到严格的限制,股东的责任与其在公司内部的利益成正比,而且延伸至公司所有的债务。

其四,由于无限责任的存在,且股东有权直接参加公司的管理,无限责任公司的股东必须积极努力经营以免公司破产,所以其信用程度高一些。

其五,股东风险大,股本转让困难,相对自由度低,所以筹集资本比较困难。

（二）有限责任公司

有限责任公司是指由法定数量的股东组成的、全体股东仅以各自的出资额或出资额加上所承诺的担保额为限承担财产责任的公司。其特征如下。

其一，不发行股票。股东各自的出资额一般由他们协商确定。在他们各自交付了其协定应付的股金后，公司出具书面的出资证明（股份证书）作为其在公司享有权益的凭证。

其二，股东人数较少，股东常常作为雇员参加公司的经营管理。股东人数通常有法定的最高限额，以免由于"管事的人"太多，出现决策延缓和官僚机构臃肿的现象。

其三，公司股权转让有严格的限制。一旦发生特殊情况，需要转让股权，必须经全体股东一致同意。若股东欲转让其股份，其他股东有优先购买权。这也是限制股东人数的一个原因。

其四，公司的账目不对外披露。

（三）两合公司

两合公司是由两部分股东组成的公司，其中一部分股东对公司债务负无限责任，另一部分股东对公司债务仅负有限责任。

两合公司中无限责任股东的法律地位一般与无限责任公司的股东地位相同，有限责任股东的法律地位同有限责任公司的股东地位基本相似，但有限责任股东不得随意转让其资本份额，若转让，须经全体无限责任股东同意。负无限责任的股东均有执行业务的权利并承担相应的责任，可以对外代表公司；负有限责任的股东无权对外执行业务和代表公司，但其享有对公司的监督权，在营业年度终了时可以要求查阅公司营业期间的资产负债表，并可检查公司的业务和财务状况。两合公司的基本特点与无限公司相似，但可以同时满足不同投资者的需要。有良好的信用和经营能力但没有财力的人与拥有财力但没有能力或不愿直接从事经营活动的人可以合作，互取所长。两合公司的决策权和经营权完全掌握在无限责任股东手中，其有限责任股东的地位远不如有限责任公司的股东，所以一般情况下投资者不愿参加两合公司。实际上，采用这种公司形式的企业并不多见。

（四）股份有限公司

股份有限公司是指公司的全部资本分为等额股份，全体股东仅以各自所认购的股份数额对公司承担有限责任的公司。股份有限公司可以向社会公开发行股票，股票可以自由交易或转让，股东的一切权利都体现在股票上，并随股票的转移而转移。每股有一份表决权，股东以其所持有的股份享受权利，承担义务。该类公司的股东人数有法定的最低限制，但无上限。股份有限公司是最典型的现代企业组织形式。股份有限公司完全建立在股东投资的基础上，公司的信用全部来自公司的资产，与股东个人无关，其可以向社会公开发行股票募集资本。股份有限公司的规模一般较大，竞争能力较强。

五、按组织形式分类

（一）个人独资企业

个人独资企业是指由一人投资经营，企业财产及收益归投资者一人所有，对债务承担无限责任的企业。

（二）合伙企业

合伙企业是指由各合伙人订立合伙协议，共同出资，合伙经营，共享收益，共担风险，并对合伙企业债务承担连带责任的营利性组织。

（三）公司

我国的公司可分为有限责任公司、股份有限公司和国有独资公司。股份有限公司与有限责任公司在前面已经介绍过，这里只介绍国有独资公司。国有独资公司是指由国家授权投资的机构或由国家授权的部门单独投资设立的有限责任公司，其投资者只有一个，即国家。因为其只有一个股东，故不设股东会。

六、按企业间的从属关系分类

根据控制与被控制关系，企业可分为母公司与子公司，并形成企业集团。根据企业管辖与被管辖关系，企业可划分为总公司与分公司。

（一）母公司与子公司

母公司与子公司是相对而言的。母公司是指通过持有其他公司一定比例的股票或资产，对其拥有实际控制权的公司，所以也称为控股公司。受母公司控制、支配的公司叫子公司。母公司与子公司都具有法人资格。母公司一般是依据其掌握的子公司的控股权，通过其在子公司股东会及其董事会中的席位而产生决策权，对子公司实施控制的。企业集团就是以母公司为核心，通过股权纽带把多个企业联结在一起而形成的多法人的企业群体。企业集团是由多个具有独立法人资格的企业组成的企业群体，本身并不是法人。企业集团是建立在公司法人制度基础上的，其成员企业在法律上各自保持独立法人的地位。母子公司的特征如下。

第一，具有资金放大效应。母公司只要掌握能控制子公司的股份，就可以操纵子公司的经营业务，以较少的投入控制众多企业按照自己的经营战略发展，从而产生资金的放大效应。

第二，母子公司结构可以降低经营风险。随着母公司规模的扩大，多样化经营成为必要。在多样化经营中，将一些风险大的产品或服务交由子公司经营，可以降低经营风险。母公司对子公司只承担有限责任，而且当子公司有盈利时，母公司能从子公司的盈利中获取一定的利润。

第三，母子公司结构可以有效利用资金。母公司通过购买股票等方式建立母子公司结构，可以节约资金，节省时间，腾出资金投向利润率较高的领域，从而使资金得到有效利用。

（二）总公司与分公司

总公司与分公司也是相对而言的。由于经营管理的需要，在一个公司内部采取设立分支机构的管理方式，其分支机构就是分公司，负责并掌管整个企业经营资金调度、人事安排等重大经营管理活动的总机构是总公司。分公司作为总公司所管辖的分支机构，在法律上和经济上都没有独立性。

第一，分公司一般没有独立的公司名称和章程。

第二，分公司不具有独立的资本，不是独立核算的纳税主体。

第三，分公司对外不独立承担民事责任。

第四，经管活动的结果由公司整体承受。

我国的现行企业制度是随着改革开放尤其是社会主义市场经济的发展逐步形成的。一方面，现行企业制度还不完善，还在改革与建设中；另一方面，相当多的人对企业理论和企业制度缺乏基本的了解。加强对企业制度的研究，进一步完善我国的企业制度，是今后一定时期内的一项重要任务。

第三节　公司概述

一、公司的概念

按照《中华人民共和国公司法》的最新规定，公司特指有限责任公司和股份有限公司。公司是企业法人，有独立的法人财产，有法人财产权。公司以其全部财产对公司的债务承担责任。公司股东依法享有资产收益、参与重大决策和选择管理者等权利。公司从事经营活动，必须遵守法律、行政法规，遵守社会公德、商业道德，诚实守信，接受政府和社会公众的监督，承担社会责任。公司的合法权益受法律保护，不得侵犯。

二、公司的设立

设立公司，应当依法向公司登记机关申请设立登记。法律、行政法规规定设立公司必须报经批准的，应当在公司登记前依法办理批准手续。依法设立的公司由公司登记机关发给公司营业执照。公司营业执照签发日期为公司成立日期。公司营业执照应当载明公司的名称、住所、注册资本、实收资本、经营范围、法定代表人姓名等事项。公司营业执照记载的事项发生变更时，公司应当依法办理变更登记，由公司登记机关换发营业执照。公司以其主要办事机构所在地为住所。设立公司必须依法制定公司章程，公司章程对公司、股东、董事、监事、高级管理人员具有约束力。公司的经营范围由公司章程规定，并依法登记。公司可以修改公司章程，改变经营范围，但是应当办理变更登记。公司法定代表人依照公司章程的规定，由董事长、执行董事或者经理担任，并依法登记。公司可以设立分公司。设立分公司，应当向公司登记机关申请登记，领取营业执照。分公司不具有法人资格，其民事责任由公司承担。公司可以设立子公司，子公司具有法人资格，依法独立承担民事责任。

（一）有限责任公司的设立

有限责任公司的设立应当具备下列条件。

第一，股东符合法定人数，有限责任公司由 50 个以下股东出资设立。

第二，股东出资达到法定资本最低限额。有限责任公司的注册资本为在公司登记机关登记的全体股东认缴的出资额。《中华人民共和国公司法》规定："有限责任公司全体股东的首次出资额不得低于注册资本的 20%，也不得低于法定的注册资本最低限额，其余部分由股东自公司成立之日起 2 年内缴足；其中，投资公司可以在 5 年内缴足。有限责任公司注册资本的最低限额为人民币 3 万元。"

第三，股东共同制定公司章程。有限责任公司章程应当载明公司名称和住所，公司经营范围，公司注册资本，股东的姓名或者名称，股东的出资方式、出资额和出资时间，公司的机构及其产生办法、职权、议事规则，公司法定代表人以及股东会会议认为需要规定的其他事项。股东应当在公司章程上签名、盖章。

第四，有公司名称，建立符合有限责任公司要求的组织机构。有限责任公司的组织机构包括股东会、董事会、经理、监事会等。有限责任公司股东会由全体股东组成，股东会是公司的权力机构。有限责任公司设董事会，其成员为 3～13 人，董事会设董事长一人，可以设副董事长。董事长、副董事长的产生办法由公司章程规定。有限责任公司可以设经理，由董事会决定聘任或者解聘。经理对董事会负责，负责公司具体的经营管理。有限责任公司设监事会，其成员不得少于 3 人。股东人数较少或者规模较小的有限责任公司，可以设 1～2 名监事，不设监事会。

（二）股份有限公司的设立

股份有限公司的设立可以采取发起设立或者募集设立的方式。发起设立是指由发起人认购公司应发行的全部股份而设立公司。募集设立是指由发起人认购公司应发行股份的一部分，其余股份向社会公开募集或者向特定对象募集而设立公司。

设立股份有限公司，应当具备下列条件。

第一，发起人符合法定人数。设立股份有限公司，应当有 2 人以上 200

人以下为发起人，其中须有半数以上的发起人在中国境内有住所。

第二，发起人认购和募集的股本达到法定资本最低限额。股份有限公司采取发起设立方式设立的，注册资本为在公司登记机关登记的全体发起人认购的股本总额。公司全体发起人的首次出资额不得低于注册资本的20％，其余部分由发起人自公司成立之日起2年内缴足，其中，投资公司可以在5年内缴足。在缴足前，不得向他人募集股份。股份有限公司采取募集设立方式设立的，注册资本为在公司登记机关登记的实收股本总额。股份有限公司注册资本的最低限额为人民币500万元。

第三，股份发行、筹办事项符合法律规定。以发起设立方式设立股份有限公司的，发起人应当书面认足公司章程规定其认购的股份。以募集设立方式设立股份有限公司的，发起人认购的股份不得少于公司股份总数的35％。发起人向社会公开募集股份，必须公告招股说明书，并制作认股书。

第四，发起人制定公司章程，采用募集方式设立股份有限公司并经创立大会通过。发起人应当在创立大会召开15日前将会议日期通知各认股人或者予以公告。创立大会应有代表股份总数过半数的发起人、认股人出席，方可举行。

第五，有公司名称，建立符合股份有限公司要求的组织机构。股份有限公司股东大会由全体股东组成。股东大会是公司的权力机构。股份有限公司设董事会，其成员为5～19人。董事会设董事长一人，可以设副董事长。董事长和副董事长由董事会以全体董事的过半数选举产生。股份有限公司设经理，由董事会决定聘任或者解聘。股份有限公司设监事会，其成员不得少于3人。

第六，有公司住所。

三、公司合并、分立、增资、减资

公司合并可以采取吸收合并或者新设合并两种方式。一个公司吸收其他公司为吸收合并，被吸收的公司解散。两个以上公司合并，设立一个新的公司为新设合并，合并各方解散。公司合并应当由合并各方签订合并协议，并编制资产负债表及财产清单。公司分立应当编制资产负债表及财产清单。公司需要减少注册资本时，必须编制资产负债表及财产清单。公司减资后的注册资本不得低于法定的最低限额。有限责任公司增加注册资本时，股东认缴新增资本的出资。股份有限公司为增加注册资本发行新股时，股东认购新股。公司合并或者分立，登记事项发生变更的，应当依法向公司登记机关办理变更登记；公司解散的，应当依法办理公司注销登记；设立新公司的，应当依法办理公司设立登记；公司增加或者减少注册资本的，应当依法向公司登记机关办理变更登记。

四、公司的解散和清算

公司基于以下原因进行解散：公司章程规定的营业期限届满或者公司章程规定的其他解散事由出现；股东会或者股东大会决议解散；因公司合并或者分立需要解散；依法被吊销营业执照、责令关闭或者被撤销；公司经营管理发生严重困难，继续存续会使股东利益受到重大损失，通过其他途径不能解决的，持有公司全部股东表决权 10% 以上的股东可以请求人民法院解散公司。

公司解散应当在解散事由出现之日起 15 日内成立清算组开始清算。有限责任公司的清算组由股东组成，股份有限公司的清算组由董事或者股东大会确定的人员组成。

清算组在清理公司财产、编制资产负债表和财产清单后，发现公司财产不足清偿债务的，应当依法向人民法院申请宣告破产。公司经人民法院裁定宣告破产后，清算组应当将清算事务移交给人民法院。

公司清算结束后，清算组应当制作清算报告，报股东会、股东大会或者人民法院确认，并报送公司登记机关，申请注销公司登记，公告公司终止。

第四节 创业概述

一、创业的概念

杰夫里·提蒙斯（Jeffry A. Timmons）所著的创业教育领域的经典教科书《创业创造》（*New Venture Creation*）指出，创业是一种思考、推理结合运气的行为方式，它为运气带来的机会所驱动，需要在方法上全盘考虑并拥有和谐的领导能力。科尔（Cole）把创业定义为发起、维持和发展以利润为导向的企业的有目的性的行为。史蒂文森（Stevenson）、罗伯茨（Roberts）

和格罗斯贝克（Grousbeck）提出，创业是一个人——不管是独立的还是在一个组织内部——依靠运气追踪和捕捉机会的过程，这一过程与当时控制的资源无关。

创业即创立企业，是指某个人发现某种信息、资源、机会或掌握某种技术，利用或借用相应的平台或载体，将其发现的信息、资源、机会或掌握的技术以一定的方式转化、创造成更多的财富、价值，并实现某种追求或目标的过程。

二、创业者

在欧美学术界和企业界，创业者被定义为组织、管理一个生意或企业并承担其风险的人。中国香港创业学院院长张世平认为，创业者是一种主导劳动方式的领导人，是一种需要具有使命、荣誉、责任能力的人，是一种组织、运用服务、技术、器物作业的人，是一种具有思考、推理、判断的人，是一种能使人追随并在追随的过程中获得利益的人，是一种具有完全权利能力和行为能力的人。

当前，国内外学者将创业者的定义分为狭义和广义两种。狭义的创业者是指参与创业活动的核心人员。该定义避免采用领导者或组织者的概念，因为在当今的创业活动中，技术的含量越来越大，离开了核心的技术专家，很多创业都无法进行，核心的技术专家理应成为创业者。事实上，很多创业活动最早都是由拥有某项特定成果的技术专家发起的。广义的创业者是指参与创业活动的全部人员。在创业过程中狭义的创业者比广义的创业者承担更多的风险，也会获得更多的收益。

创业者要具备的基本素质是心理素质、身体素质、知识素质。

心理素质是指创业者的心理条件，包括自我意识、性格、气质、情感等心理构成要素。创业者的自我意识特征应为自信和自主，其性格应刚强、坚韧、果断和开朗，其情感应更富有理性色彩。成功的创业者大多不以物喜，不以己悲。

身体素质是指身体健康，体力充沛，精力旺盛，思路敏捷。现代小企业的创业与经营是艰苦而复杂的，创业者工作繁忙、时间长、压力大，如果身体不好，必然力不从心，难以承担创业重任。

创业者的知识素质对创业起着举足轻重的作用。创业者要进行创造性思维，要做出正确的决策，必须掌握广博的知识，具有一专多能的知识结构。具体来说，创业者应该具有以下几个方面的知识：做到用足、用活政策，依法行事，用法律维护自己的合法权益；了解科学的经营管理知识和方法，提高管理水平；掌握与本行业、本企业相关的科学技术知识，依靠科技进步增强竞争能力；具备市场经济方面的知识，如财务会计、市场营销、国际贸易、国际金融等方面的知识。

创业者至少应具有创新能力、分析决策能力、预见能力、应变能力、用人能力、组织协调能力、社交能力、激励能力。这些能力需要创业者在实践中培养。

第二章　管理及管理原理概述

第一节　管理行为及其评价

一、什么是管理

管理是管理学的核心概念。对于管理，管理学界已经给出了许多定义。根据概念的普适性和实践指导性的要求，本书这样定义管理：管理是管理者通过计划、组织、激励、协调、控制等手段，为集体活动配置资源、建立秩序、营造氛围，以达成预定目标的行为。也可以更加简单地认为，管理是组建和调适协作系统，以达成预定目标的行为。理解管理概念需要了解以下内容。

（一）管理的目的和作用

1. 管理的目的

人类的需要有时通过个体自身努力可以满足，自然经济中自给自足的农民、渔夫、牧民就处于类似状态。在大多数情况下，人类的需要通过个人努力是无法满足的。从原始社会氏族部落抵御洪水猛兽求生存到工业社会大规模生产啤酒、钢铁、汽车，建筑高楼大厦和高速公路，再到信息社会网络交易，人们都必须依赖集体协作才能满足自身需要。

虽然集体力量有助于人类满足需要，但是自由组合的集体活动通常会发生资源不足或配置不当、无序行动和机会主义等合作危机。管理是集体努力产生协作效果的必要条件。管理的价值体现为有助于达成分散个体达不到的目标，满足通过个人努力无法满足的需要。

2. 管理的作用

集体努力产生良好效果取决于三个基本条件：第一，资源配置必须是合理、优化的；第二，集体活动必须是有序的，做到分工合作、令行禁止；第三，集体活动的氛围应当是有利于促进合作奋斗和富有激励性的。这三个条件不可能自发形成，需要管理者带领大家去解决资源的筹集和优化配置问题，建立和维持必要的秩序，营造合作奋斗的氛围。配置资源、建立秩序、营造氛围是管理的主要作用和任务，也是体现管理者价值和贡献的主要方面。

有人做过统计，获得奥斯卡金像奖最佳演员同时又获得最佳影片的电影只有 20%，而获得最佳导演又获得最佳影片的电影，概率则是 70%，管理好的演出团队成功率更高。在世界杯的比赛中，金靴奖的获得者所在的团队只有 20% 获得冠军，80% 的情况只是个人优秀，而团队没有获奖。2014 年在巴西举办的世界杯上胜出的队是德国队，他们在半决赛中对决巴西队，尽管巴西队有多名世界级球星，但是德国队非常强悍，他们的团队配合简直天衣无缝。中国女排在袁伟民教练班子管理下曾创造国际比赛五连冠纪录，但随后因管理不力进入国际二流队伍。在郎平担任主教练后，2015 年再夺世界三大赛冠军。

（二）管理的方法与手段

管理是一组可以分辨的特殊活动，是通过计划、组织、激励、协调、控制等职能和手段实施的。管理职能是管理主体对管理客体施加影响的主要方式和具体表现，是管理者的职责和功能，主要包括以下六项。

1. 计划

计划是为集体活动确定目的、任务、目标、策略及行动方案，并组织实施的管理行为。决策是计划中的核心环节，因此不少著作把决策单独提出，以示强调。

2. 组织

组织是把各种生产要素特别是人员结合成实现目标、完成任务的功能实体的行为，其结果是形成各种体制，如企业的经营体制、领导体制、生产体制等。组织的载体是人，因而用人是组织职能的重要内容。

3. 激励

激励是指运用各种手段调动组织内各部分人员的积极性，以形成实现目标的动力。在现代管理中，激励并不限于组织内部，还包括对企业外相关部门和人员（如供应商）的激励。

4. 协调

协调是理顺组织内外关系，消除不和谐、不平衡状态，加强各方合作，以便为实现组织目标创造良好环境的行为。例如，理顺企业内党、政、工关系，干群关系，协调企业与客户、政府的关系等，其关键是沟通。

5. 控制

控制是按预定计划和标准对组织内各种活动进行监督、检查和调节，以纠正偏差，更好地达成目标的行为。

6. 领导

领导是运用某种影响力，发动或引导其他人或群体为制定的目标奋斗的行为。

在以上六类行为中，计划、组织、激励、协调、控制具有相对独立的功能，属于管理的基本职能；领导兼有计划中的重大决策、组织中的关键任免、激励中的群体发动、协调和控制中的危机处理等功能，属于管理的综合职能。

（三）管理的性质

1. 管理是人类的特殊行为

在一切需要协作才能达成目标的场合，均存在两种类型的行为：一类是人们亲自动手，施加作用于客体，产生直接效果的行为，如耕作收获、驾驶汽车、教师授课、攻球入门、杀伤敌人等，通常被称为"作业"；另一类是人们通过对作业者施加影响，对改造客观世界产生间接效果的行为，如制订班组作业计划、指导球队比赛、激励部队士气、控制预算成本等，这类行为就是管理。管理是生物界人类专有的行为。

管理面对的是由人、财、物、信息等要素构成的功能系统，管理最基本、最复杂的对象是人，纯粹以财、物、信息为对象的管理者，如纯粹运作资本市场的操盘手、纯粹完成会计业务的会计师、纯粹负责物资保管的库管员，严格讲并不是真正的管理者，其实他们从事的是专业技术工作，而非管理工作。

2. 管理是管理者与管理对象的互动过程

哪一个创业者不想成功？哪一个教练不想取胜？事实上，管理目标的实现不完全取决于管理主体的主观愿望。古今中外有太多的壮志未酬的事例。

管理的对象是集体活动。为达成目标，管理者会对组织内部人员、产品、设备、材料等施加影响，同时其管理活动还会对组织外部市场、顾客、合作伙伴、竞争对手、社区乃至政府产生影响，这些相关社会主体不会完全被动地接受影响，而可能有反弹、修正乃至对抗，因而管理的结果不是由管理者主观意志单方面决定的，而是管理者与管理对象互动的结果。例如，球队的比赛，教练虽然有事先的计划和组织安排，但要取得较好的结果，必须根据比赛过程中对方的战术及本队队员的表现随时调整安排，但比赛结果未必遂教练的心愿。正如《孙子兵法》所说："求其上，得其中；求其中，得其下；求其下，必败。"

3. 管理是智力密集型的生产性劳动

马克思在《资本论》中肯定了管理的特殊劳动性质。在经济系统中，管理可以改变其投入产出比，具有生产性。优秀的管理人才一直是社会最稀缺的资源之一。在多数情况下，管理需要应对复杂情况，不确定因素比较多，需要通过与其他人合作或竞争实现既定的目标，需要处理与被管理者和竞争者的动态博弈问题，常常找不到现成的答案，需要将知识、技能与直觉、智慧相结合，作出两难的决策，心理压力较大。

二、为什么要重视管理

管理有多重要？为什么管理是值得献身、令人尊敬的职业？为什么几乎每一个成人都要承担或大或小的责任？

（一）管理涉及人类生活的各个层面

管理是一种普遍的社会现象，渗透于社会生活的各个方面，每个人都处于被管理的状态中。

人类社会是由各种各样的组织、各种各样的集体活动组成和运转的。从游戏到战争，从生产到科学研究，从政治生活到家庭生活，一切集体活动要想达到较好的效果，都离不开组织和管理。社会越发展，人们越依赖组织的分工协作，也就越离不开管理。正如管理大师德鲁克所说："没有管理，军队就是乌合之众，一家企业犹如一堆废物。"

凡是存在组织的地方，就存在管理。人类社会的管理按组织的功能性质分，有政治管理、经济管理、军事管理、文化教育管理、宗教管理、家庭管理等；按组织的层次分，有宏观管理和微观管理。所谓宏观管理，是指规模比较大、层次比较高的组织的管理，如整个国家或地区的国民经济管理、整个军队建设的管理等；所谓微观管理，是指规模较小、层次较低的组织的管理，如企业管理、学校管理、俱乐部管理、家庭管理等。宏观管理与微观管理的区分是相对的。对整个国民经济来说，企业管理属于微观范畴；对一个包括许多分厂或车间的公司而言，公司的决策、组织等管理活动属于宏观范畴，而各分厂、车间、班组管理属于微观范畴。

每个人从出生之日起就从属于家庭，然后进入学校学习、就业或入伍，可能还加入党团组织、宗教组织、专业协会或文体组织等，直到不能参加社会活动。只要是组织成员，就与管理难以分离。例如，王师傅在物流公司是被管理者，然而在送货过程中又是管理者；他在家里是一家之主，但是在生孩子这件事上，要接受政府的管理。

（二）管理决定组织和个人的命运

无论是从历史层面，还是从现实层面，抑或从宏观的国家层面、微观的企业等层面，人们都深深体会到，管理所发挥的资源配置、规制秩序、文化作用决定着组织和个人的命运。

从微观的层面看，企业的发展体现了管理的决定性作用。20 世纪 80 年代中期，北京的联想、青岛的海尔都是名不见经传的小企业，而北京内燃机总厂不但历史长，而且是国家重点扶持的大企业，但由于不同的管理思路，如今前两个企业已经成为世界知名大公司，而后者已经消失不见。

管理决定着我们每个人的命运。改革开放以来，中国人逐渐摆脱了贫困。但由于一个时期过分追求 GDP 增长，加上法制不健全，中国的老百姓至今还在为食品安全而担忧

（三）每个成人都要懂得管理的基本知识

成人都需要懂得管理的基本知识。我们生活在各种各样的组织中，要和各种各样的组织打交道，每个人要么扮演管理者的角色，要么扮演被管理者的角色。在家庭里，你也许受父母管理，也可能管理弟弟、妹妹；在学校里，你接受校长、系主任、班主任的管理，也可能管理一个球队；在企业中，你接受各级领导的管理，同时作为职工代表大会代表，在讨论决定奖金分配方案或某个中层干部的处分时，又直接参与了管理活动。可见，每个成人都要承担一定的管理责任。

三、管理状况的评价

社会要进步，企业要发展，就必须不断改进管理。要改进管理，首先要对管理状况做出科学的评价。任何一个组织的管理状况都可以应用管理的定义从目标实现程度、组织运行状态和管理运作状况三个层面予以评价。

（一）从目标实现程度评价管理

管理目标的实现是管理有效性的最终评价尺度。企业管理是否有效的直接表现就是企业市场目标、盈利目标、发展目标、社会责任目标的实现程度如何。

管理者通过财务报表、统计报表、社会评价获得实际达成指标的相关数据，与合理设置的预定目标比较，评判管理的有效性，发现成功，找到差距，为进一步分析提供基础（表2-1）。

表2-1　管理状况评价

指　标	客户满意度	利　润	销售收入／市场占有率	资产增长	环境保护
预定目标水平					
实际实现水平					
评价					

这里需要特别注意预定目标设置的合理性。企业在目标设置方面有三个常见问题。

一是目标设置片面。有的企业只设定了销售收入和利润目标，没有设置员工发展目标和社会责任目标，这样的企业就缺乏可持续发展的前途。

二是目标过高。有些企业在缺乏调查研究的情况下，就提出要全球领先，进入中国500强、世界500强，或者要求每年递增一个固定的比率，殊不知市场是变化的，企业的进步也不一定是直线的。一旦目标达不到，员工就会产生挫折感，高层的威信也会受到影响。

三是目标过低。中国企业总体绩效与先进工业化国家企业相比还存在一定的差距，有些企业仅仅与国内同行比，甚至只和本地区同行或者自身比，设定的目标缺乏激励性，最后比较的结果往往价值不大。

（二）从组织运行状态评价管理

组织能否实现预定目标，经常会受到环境的影响，但是事物发展的内因毕竟起主要作用。管理工作决定组织运行状况，资源配置是否合理、业务活动是否有序、组织氛围是否健康等，对组织目标能否实现起着决定性作用。因此，可以通过对资源配置、工作秩序、组织氛围的考察判断管理的有效性。

1.资源配置状况

考察组织资源是否得到有效、充分利用，是否存在瓶颈或冗余。例如，企业管理的有效性可以利用以下指标通过比较判定（表2-2）。

表2-2　企业资源配置状况评价

资源类别	实现指标	行业平均水平	行业先进水平	存在问题分析
资金	资金周转 存货、应收款等 资产负债比			
物质、设备	设备利用率 材料利用率 能源利用率			
人力资源	工时利用率 人才结构比例 人才使用			
无形资产	特许权的运用 品牌建设与维护			
信息资源	情报提供 知识共享			

2.工作秩序状况

考察组织内活动能否自动正常运转，指挥是否灵便，各部门各岗位配合是否默契，业务是否经常有冲突，是否经常互相等待；考察组织内各项制度、规程及其执行情况，工作现场情况，出勤及劳动纪律，会议内容及其效率，信息报表的传送质量等。

3.组织氛围状况

考察组织氛围是否有利于组织内外合作，是否具有激励性。可以通过考察组织倡导的价值观，考察管理层及员工的工作态度以及他们对待客户的态度等评判组织氛围。获取管理效果的信息来源不能仅仅局限于财务报表、统计报表、宣传材料，必须到现场观测，与管理人员和员工访谈。例如，通过他们崇尚的人物可以间接判断其价值观，通过参加调度会、观察公共食堂和厕所可以判断员工关系、组织秩序和工作作风，等等。

（三）从管理运作状况评价管理

管理的任务是通过计划、组织等管理职能手段实现的。评价管理职能的履行状况可以为提高管理水平直接提供运作建议，可以参照的指标如表2-3所示。

表2-3　管理职能履行状况评价

管理职能	评价指标	实际操作状况
计划	目的性、预见性、指导性、可行性、配套性	
组织	功能、效率、稳定性、适应性、激励性、协调性	
激励	方向性、全方位、长效性、激励成本	
协调	目标底线、合力与活力、统一与制衡、收益与成本	
控制	全面性、及时性、适度性、层次性、全员性、综合性	

了解管理职能履行状况，需要收集更多信息，如需要查阅计划文档、组织图表、规章制度、统计报表、会议记录来收集信息，还需要通过访谈、问卷调查等加以核实。

第二节　管理学的内涵

一、管理学是属于高科技的应用学科

（一）管理学是应用学科

人类经过数千年的探索和总结提炼，已建成一个庞大的科学体系，它由成百上千门学科组成。按照各门学科的研究对象和作用，这些学科大致可以分为三个层次，即思维工具学科、基础学科及应用学科。

思维工具学科是以最抽象的方式探索物质和思维的关系及运动规律，为人们提供最一般的思维工具的学科，如数学、哲学、系统科学。

基础学科是以宇宙或社会中某一种基本现象、基本运动为研究对象，运用思维工具学科提供的知识，探索该类现象的内在联系、该种运动的客观规律的学科，如物理、化学、天文学、地理学、生物学、经济学、历史学等。

应用学科以人类某一领域的社会实践为研究对象，应用思维工具学科及某些基础学科提供的知识，研究该类实践产生良好效果的客观规律的学科，如医学、工程技术学、管理学等。

管理学的知识来源极其广泛，其中发挥支撑作用的学科包括以下几门。

1. 哲学

作为人类最高层次的科学，哲学影响着人们对管理的目的、思维方式的认识。古代先哲，如中国的孔子、老子、庄子、韩非子，希腊伟大哲学家苏格拉底等，提出过许多管理哲理。当代科学哲学，如系统论、信息论、控制论、耗散结构理论、协同论、突变论等，都对管理思维产生了重大影响。

2. 经济学

管理要讲求效果，要掌握投入产出的规律，就必须运用经济学的知识。从近代政治经济学，如亚当·斯密提出的劳动分工论、市场论，到 20 世纪中叶发展起来的宏观经济学、微观经济学，再到近些年提出的产业经济学、制度经济学、产权经济学、信息经济学等，都对管理有很大的影响。

3. 心理学、社会学与教育学

管理作为一种影响他人行为的活动，不能不研究人的心理。心理学家雨果·芒斯特伯格首先将工业心理学引入管理，此后心理学在决策、领导和人员的选拔培训方面得到越来越广泛的应用。管理是一种人际关系，因而有关社会学的理论与方法在管理学中也得到了应用，责任、义务、承诺、信仰、社会网络等构成了管理学的基本词汇。在知识经济时代，教育学中的学习理论将发挥越来越大的作用。

4. 政治学和军事学

政治学中有关法制的观念、权力、等级制度、幕僚参谋制度、三权分立学说等也是管理学的重要内容。军事学，如中国古代的《孙子兵法》和近代战略理论，为竞争取胜提供了许多法则。

5. 应用数学与工程技术学

应用数学，如数理统计、运筹学，对管理学有不可磨灭的贡献。泰勒作为一名工程师和科学管理运动发起人，首先将测量和试验技术应用于管理。近年来，信息技术的应用对管理学产生了革命性的影响。

6.历史学

人类长达数千年的组织管理实践为管理学提供了十分丰富的经验，古今中外的国家治理、军事指挥、商业活动、国家和企业的兴衰过程为管理学提供了大量的经典案例。

（二）管理学是非精确学科

所有应用性学科或多或少都具有科学和艺术的双重属性。科学强调事物的共性，艺术则突出事物的个性；科学要求精确、严谨、理性，艺术要求夸张、含蓄、感性。例如，建筑学既要遵循结构力学、地理学、地质学、经济学的规律，又要运用建筑美学、社会文化学等方面的知识。

管理的科学性表现在其具有普遍适用的规律上，如标准化、流程化、制度化可以提高组织运行效率。人们可以学习管理知识，在实践中反复应用并客观检验其效果，因此管理是一门科学。

管理的艺术性表现为其管理规律的表现并不那么精确。例如，一个主管能够有效领导的下属人数存在合理的区间，管理学称之为组织管理的合理跨度。这个跨度是多少人，并没有精确的标准，因为它不仅与工作任务有关，还与主管及下属的素质有关。据文献记载，美国杜邦公司创始人的管理跨度曾经达到上百人，但是他的继任者完全不能胜任大型企业的领导。

管理的艺术性还表现为管理不像一般科学那样存在确定的因果关系。例如，奖金对某些人激励效果显著，而对另外一些人效果有限。因此，管理需要针对具体对象和所处环境，特别是针对千差万别的人，灵活地、有选择性地运用各种策略和技巧，管理员工有时候还需要讲故事，需要动感情。

（三）管理学是当代高科技——软科学

由于管理对人类社会发展的重要性和学科的复杂性，20世纪80年代中期，联合国教科文组织将管理学（软科学）与信息科学技术、生命科学技术、新能源与可再生能源科学技术、新材料科学技术、空间科学技术、海洋科学技术、有益于环境的高技术并列为高技术，建议加以重点发展和应用。

管理学科的复杂性体现在以下五个方面。

第一，高度综合。涉及自然科学、社会科学与人文科学等各个学科知识。

第二，变量极多。组织通常是一个包括经济、社会、技术、生态以及管理变量的复杂系统。以企业为例，仅经济变量就数不胜数，企业运营管理要掌握、处理这些变量非常不易。

第三，大量未知、不确定。例如，关于人的个性潜力、行为规律还存在许多未知领域。

第四，主客体互动。管理既受管理对象性质和运行规律的制约，又受管理者自身动机、知识、能力和精力的制约。

第五，动态博弈。多数组织处于竞争环境，因而管理者面对的是一个多主体参与的动态博弈过程。

二、新兴学科：近现代管理学的发展回顾

现代管理学作为一个独立的知识体系，其产生距今已有 100 多年，这比物理学、化学、经济学、医学等许多学科晚得多，更不用说与古老的数学及哲学相比了。回顾其发展历程，它主要经历了以下几个阶段。

（一）现代管理学的创建

19 世纪末 20 世纪初，欧洲及美国经济得到了较快的发展，许多企业生产规模迅速扩大，可是由于企业管理落后，企业的劳动生产率提高不快，许多工厂的产量远远低于额定生产能力，能达到 60％的很少。这种情况引起了一些工程技术人员和管理人员的注意。他们或者进行各种试验，努力把科学技术应用于企业管理，或者总结实践经验，借鉴国家治理、军队管理、教会管理的有效做法，逐步构建管理学的知识体系。代表性人物包括美国工程师泰勒、法国企业家法约尔。

1. 泰勒的科学管理理论

泰勒通过大量实验研究，建立了管理学史上第一个科学管理理论体系。该体系包括以下主要内容。

（1）科学管理的中心问题是提高劳动生产率

科学管理运动首先要转变观念，使劳资双方坚信，只要彼此合作，采用科学方法，提高劳动生产率，把"蛋糕"做大，就可以实现双方获利。

（2）工作定额原理

泰勒主张选择合适且技术熟练的工人，通过工时和动作研究，制定出有科学依据的"合理的日工作量"，作为考核计酬的标准。

（3）选配原理

泰勒认为，人具有不同的天赋和才能，为提高劳动生产率，必须为每项工作挑选合适的、有进取心的"第一流的工人"。

（4）标准化原理

该原理包括使用标准化的操作方法，标准化的工具、机器和材料，使作业环境标准化，并与休息时间合理搭配。

（5）奖酬原理

泰勒倡导采用"差别计件制"提高劳动生产率。如果工人没有完成定额，就按正常工资率的80％付酬；如果超过了定额，全部都按正常工资率的125％付酬。

（6）管理与作业分工原理

泰勒主张把计划职能（管理职能）同执行职能（实际操作）分开。计划与控制职能由专门的计划部门承担，而不是由不脱产的工长负责。

（7）例外管理原理

泰勒主张，在规模较大的企业中，高级管理人员可以把例行的一般日常事务授权给下级管理人员去处理，自己只保留对例外事项（重要事项）的决定权。

2.法约尔的经营管理理论

法约尔的代表作是1916年出版的《工业管理与一般管理》，其主要理论贡献表现在以下三个方面。

（1）区分管理与经营

法约尔认为，任何工业企业不论规模大小，经营活动都包括生产、制造、加工等技术活动，采购、销售、交换等商业活动，资本的筹集和运用等财务活动，财产和人员保护的安全活动，货物盘存、资产负债表制作、成本考核、统计等会计活动，计划、组织、指挥、协调、控制等管理活动。

（2）管理的基本职能

法约尔认为，计划是管理的首要因素。管理人员应对对企业有影响的未来事态做出尽可能准确的预测，并制订一项指导未来决策的行动计划。组织职能包括有关组织结构、活动和相互关系的规章制度，以及职工的招募、评价和训练，还要决定完成任务所必需的适当机器、物料和人员调配。指挥是对下属的活动给予指导。指挥者必须以身作则，对下属及其与企业之间的合同应有透彻的了解，定期检查组织机构，对不称职人员应及时处理，经常与主要助手开会协商，以便达到指挥的统一。协调职能是结合、统一以及调和所有企业活动与个人的努力，实现一项共同的目标。控制是指为了保证实际工作按计划和命令去完成的活动，它促使计划编制得更准确，使组织简化和加强，提高指挥效率，并便于进行协调。正如法约尔所说，一切都应"受控制"。

（3）提出 13 项管理原则

法约尔总结自己的工作经验，提出了专业化分工、权力与责任、纪律、命令的统一、个人利益服从整体利益、职工报酬及其支付方式公平、适度集中、管理层次、秩序、公正、人员的稳定、发挥职工的主动和创造精神、培养集体精神等管理原则。

法约尔首先提出了管理的五种职能（计划、组织、指挥、协调、控制），这五种职能形成了一个完整的管理过程，因此他被称为管理过程学派的创始人。

（二）管理理论丛林时代

20 世纪中期，管理学进入一个繁荣时期。围绕企业管理的基本命题，人们展开了大量深入的研究，提出了种种理论。由于人们的知识背景及实践经验不同，对企业管理的分析采用了不同的角度和方法，对什么是管理、如何管理及其客观依据等进行了不同的解释，所以形成了不同的管理学派。美国管理学院前院长孔茨教授曾归纳了研究管理科学和管理理论的方法，形象地称之为"管理理论的丛林"①。

1. 科学技术学派

该学派继承了泰勒的管理思想，把管理看成一个类似工程技术，可以也应该予以精确计划和严格控制的过程。被称为"科学管理之父"的泰勒在《工厂管理》一书中说："管理这门学问，注定会具有更富于技术的性质。那些现在还被认为是在精密知识领域以外的基本因素，很快都会像其他工程的

---

① 孔茨，奥唐奈，韦里克.管理学［M］.黄砥石，陶文达，译.北京：中国社会科学出版社，1987：81-94.

基本因素那样加以标准化，制成表格，被接受和利用。"第二次世界大战后，一些擅长运筹学的专家认为，管理就是制定和运用数学模型与程序的系统，寻找恰当的模拟计划、组织、控制过程的数学模型，求出最优解。

2. 过程学派

该学派在传承法约尔的管理理论的基础上，深入研究了管理的过程。例如，林德·厄威克在 1944 年出版的《行政管理原理》一书中将管理的基本职能归纳为计划、组织和控制。孔茨虽然把自己的管理方法称为经营法，但按其基本观点——"管理工作是一种经营过程，这个过程可以通过管理职能的分析而对它进行最好的剖析"，也可归入这一派。孔茨认为，企业管理的关键是搞好企业的计划、组织、领导和控制。

3. 行为学派

自美国哈佛大学教授梅奥组织了著名的霍桑实验，并提出了"人际关系学说"，人们开始重视对人际关系的研究。20 世纪 50 年代，行为科学研究形成高潮，这个学派把管理看成对组织行为的领导和协调。例如，美国管理学家小詹姆斯·H. 唐纳利在《管理学基础》一书中说："我们认为有用的现代管理概念如下：管理就是由一个或更多的人来协调他人活动，以便收到个人单独活动所不能收到的效果而进行的各类活动。"保罗·赫西在《行为管理学》一书中说："我们对管理的定义是与个人及群体共事，以达成组织的目标。"这个学派坚持认为，抓好人的管理是企业成功的关键。

4. 决策学派

该学派把管理看成一种决策行为。例如，美国诺贝尔经济学奖获得者卡内基·梅隆大学的赫伯特·西蒙教授认为，决策贯穿于管理全过程，管理就是决策。美国内布拉斯加大学管理学系主任亨利·艾伯斯认为，管理是管理人员决策及获得信息所履行的职能的结合。这一学派重点研究决策理论。

5. 经验学派

该学派把管理看成经验性很强的实务，主张通过大量研究主管人员的成败案例获得管理知识，其代表人物是德鲁克。他认为，管理是一种实践，其本质不在于知，而在于行，其验证不在于逻辑，而在于成果。欧贝斯特·戴尔甚至认为，从管理方法的原理中"找不到多少有实用价值的东西"。在他所写的管理学著作中，案例及实例占主要篇幅。加拿大麦吉尔大学的明茨·伯格教授在其代表作《经理工作的性质》一书中写道："经理的工作中没有科学，经理们基本上像他们过去那样工作着，使用口头信息以及直觉的处理方法。管理学专家迄今对经理的工作方式几乎没有造成任何影响。"

6. 权变学派

该学派把管理看成一个根据企业内外环境选择和实施不同管理策略的过程，强调权宜应变。例如，美国的莫尔斯和洛希提出的"超 Y 理论"，主张管理方式要根据工作性质及人员特点决定。此外，菲德勒、豪斯等还提出了领导方式权变论。权变理论由于符合辩证法，生命力很强。

以上各学派从不同角度阐明了管理的实质及企业管理的要领，提出了各种有效管理的理论、原则和方法，极大地丰富了企业管理学的内容，为发展企业管理学的发展做出了贡献，也为人们认识企业管理的原理提供了启示和思路。

（三）管理学整合形成主流

20 世纪后期，中外管理学界出现了以管理职能为脉络整合管理知识体系的趋势，形成当前管理学的主流并延续至今。

笔者研究了 20 世纪 80 年代后期以来特别是近 10 年的中国、美国大学所用的 20 多部有一定影响的管理学教材，包括美国学者海因茨·韦里克、马克·V. 坎尼斯、哈罗德·孔茨所著的《管理学》（第 13 版），斯蒂芬·罗宾斯、玛丽·库尔特著的《管理学》（第 11 版），罗伯特·克赖特纳所著的《管理学原理》（第 11 版），周三多教授等编著的《管理学——原理与方法》（第 5 版）等，发现其中 70% 沿用了过程学派的思路，即以计划、组织、领导、控制等管理的基本职能为基本框架建立理论体系。由于它们大体上反映了国内外管理学教学体系的主流，笔者有时把它们称作"主流管理学"[①]。

以管理职能为基本架构的"主流管理学"的形成有其历史背景。首先，该学派早期的代表人物法约尔所定义的"管理就是计划、组织、指挥、协调、控制"言简意赅，明确区分了管理活动与企业其他经营活动，明确了管

---

① 黄津孚，韩福明，解进强，等."管理原理金字塔"——重构"主流管理学"体系的尝试［C］// 中国管理现代化研究，复旦管理学奖励基金会. 第十届（2015）中国管理学年会论文集［C］. 中国管理现代化研究会、复旦管理学奖励基金会：中国管理现代化研究会，2015：10.

理与技术活动、商业活动的关系，指出了管理人员的主要职责和功能，可操作性比较强，比较实用；其次，就 20 世纪管理的各学派比较而言，以管理职能和过程为框架，主流管理学比科学技术学派、行为学派、决策学派的视野宽，包容性强，比系统学派更具体，能更好地满足理论指导实践的需要；最后，20 世纪后期企业管理的热点在战略、体制、企业文化和风险控制方面，主流管理学基本上适应了实践的需要。

三、企业管理学科的知识体系

如今，管理学是一个庞大的知识体系。如果不考虑其基础知识及外围知识，企业管理学的知识体系可以用一个由管理理论维、管理职能维及业务管理维组成的知识空间模型来描述。

（一）管理理论维

管理理论维是管理学中高度概括、综合及抽象的知识维，是管理哲学、管理经济学、管理伦理学、管理诊断学、管理学发展史、管理比较研究等知识的集合。

管理哲学包括管理的基本范畴和管理思想，如管理要素、管理职能、企业文化等概念，它是建立企业管理学的基本单元。管理思想是指导企业管理的基本思想，包括管理的使命、价值观、人与组织的关系、组织与环境的关系、如何应对变化等。管理经济学是从经济学角度来研究企业的性质、效率及经营决策的问题的。（企业）管理伦理学研究企业相关利益者的道德及其处理原则。管理诊断学研究分析评价企业管理状况、提高其绩效的策略方法。管理学发展史、管理比较研究是通过对企业管理及管理学纵向和横向的考察对比，研究企业管理及企业管理学的发展规律和趋势，研究各国不同类型企业管理的共性与个性。

（二）管理职能维

管理职能维是企业管理学中经过适度抽象的知识维，是企业管理各项业务中共有的职能，即计划、组织、激励、协调、控制、领导等知识的集合。

关于计划职能的知识，包括预测学、决策学、战略管理、目标管理知识等。关于组织职能的知识，包括公司治理学、组织设计、流程再造等知识。关于激励职能的知识，包括组织行为学（管理心理学）等知识。关于协调职能的知识，包括组织冲突、沟通、公共关系学等知识。关于控制职能的知识，包括管理控制学、风险控制学等知识。关于领导职能的知识，包括领导力、领导艺术、企业家及创新理论等知识。

（三）业务管理维

业务管理维是企业管理学中最具体、最落地的知识维，是企业经营各业务领域管理知识的集合。以大中型工业企业为例，业务管理维涉及以下几个方面的知识。

关于科技管理的知识，如科学研究与产品开发、工艺技术管理、设备管理、标准化管理等方面的知识；关于建设与运营管理的知识，如企业设施规划与建设、生产计划与组织、质量管理、安全生产、环境保护等方面的知识；关于营销管理的知识，如市场研究、营销管理、服务管理、广告学等方面的知识；关于资金管理的知识，如财务管理、投资学、会计学、审计学、税务管理等知识；关于人力资源管理的知识，如人力资源规划、职务分析和评价、绩效考核、薪酬管理、劳动关系等方面的管理知识；关于信息管理的知识，如计量学、情报学、信息管理系统知识等知识；关于物资管理的知识，如商品学、物流学、供应链管理、仓储管理等知识；关于行政事务后勤保障管理的知识，如文秘、安全保卫、物业管理、职工生活服务、厂容美化等方面的管理知识。

管理的理论、职能和业务是互相渗透、交织在一起的。每一种管理业务都有相应的管理理论及职能。例如，运营管理领域就有经济批量理论、全面质量管理理论、全员设备管理理论及生产计划、生产组织及生产控制；销售管理领域有产品生命周期理论、价格理论及销售计划、销售组织、销售人员的激励及销售控制等。每一种管理职能也有相应的理论和方法。例如，计划职能包括决策理论、预测和决策方法，组织职能包括组织理论及组织设计、组织变革方法，等等。当然，管理理论也不能完全脱离管理职能和具体的管理业务背景。

第三节　管理学原理

一、什么是管理学原理

（一）管理原理是管理的基本规律

管理学有时泛指一个学科门类、一个学科群（参见本章第二节），有时专指一门独立学科，即以管理原理为对象的管理学。美国前管理学会会长哈罗德·孔茨曾经非常明确地将管理学定位在"管理原理"的层次。他在自己著作《管理学》的前言中指出，这是一本"从异常复杂的知识堆集中提炼出一些真理的书"，"管理工作的各项基本原理还可以广泛应用于不同文化地区的各类企业"。从科学的角度解释，所谓原理就是指某种运动的基本规律、某类实践的根本依据及准则、某门科学的基本理论，如自动控制原理、机械设计原理、会计学原理等。管理原理是指管理的基本规律、管理工作的根本依据和准则，这是管理学的基本理论。典型的应用学科的知识体系基本上都是围绕三个问题展开的，即做什么、如何做以及为什么这样做。企业管理原理的基本命题就是要从总体上研究企业管理是什么，即管什么，怎样管理好企业，为什么要这样管理。具体讲，企业管理原理必须阐明企业管理的实质及基本任务、企业管理的基本理念、企业管理的关键和重点、企业管理的基本方法和手段。

（二）管理原理是必须掌握的公共知识

管理人员是一个庞大的社会阶层，他们需要的管理知识会有较大的差异。例如，政府官员需要国家治理的知识和技能，但不一定要掌握质量控制的知识和技能；总经理需要公司战略管理知识，但不一定要掌握地方财政预算或城市管理的知识。即使在企业内部，不同部门的主管所需要的知识和技能也有差异。例如，销售部门和生产部门主管所需要的管理知识与技能肯定有一定差异。但不论是国家领导、企业经理，还是董事长、班组长，有些管理知识和技能是他们都必须掌握的。例如，他们都希望管理有效，几乎都会遇到资源不足或组织低效的危机，需要解决计划问题、管理体制和流程问题、预算控制问题，他们都要掌握人际沟通和激励领导的技能，等等。这些正是管理原理包含的内容。

人的一生可能从事不同的管理工作，管理人员在部门之间、层次之间的流动十分正常。例如，杰克·韦尔奇曾先后负责项目管理、筹建工厂、管理工厂生产、组织营销、管理事业部和领导整个 GE（通用电气）。工商企业、大学与政府部门之间互相交流管理人才是常有的事情。例如，大学教授担任政府部门要职，退休官员到工商企业担任董事，等等。掌握管理原理，在理论上可以触类旁通，在实践工作中可以举一反三，较快适应新的管理要求。

（三）管理原理是超越时代局限的通用性知识

大部分有关管理的经验和知识是工业化时代的产物。当今正在进入信息化时代，管理实务正在发生急剧变化，有些学者指出，互联网时代思维将取代工业化时代思维，互联网将重新定义管理。面对如此情况，不少管理工作者有些沉不住气，甚至手足无措。实际上这正是管理原理学习不足的表现。虽然管理的基本规律在其表现形式上会随着管理情景的变化而变化，但是它的客观决定作用、它对管理实践的指导作用、它左右管理的力量是不会改变的。例如，创造价值的使命、科学管理的精神、以人为本的宗旨、权变创新的意识、系统运筹的法则等，不仅适用于工业化时代，还适用于信息化时代。

二、现代管理学关于原理的新探索

20 世纪 70 年代以来，全球商业生态变化速度加快。从日本企业发起对美国的挑战到亚洲"四小龙"高速成长的奇迹，从新一波全球化到中国的崛起，从信息化浪潮到第四次工业革命，从百年企业的溃败到指数性成长的涌现，这些都将人们对管理学的研究引向深入和实践。

（一）更加重视从实践经验中总结规律

20 世纪 70 年代以来，管理学界出现了一大批有分量的管理学实证研究成果。例如，20 世纪 80 年代初，美国斯坦福大学两位教授兼著名管理咨询专家汤姆·彼得斯和小罗伯特·沃特曼经过长期的研究，在其出版的《成功之路》一书中总结归纳出美国成功企业的品质：贵在行动、紧靠顾客、自主创业、以人促产、培育价值观、不离本行、精兵简政、松紧结合及 7S 管理模型（图 2-1）。1990 年，美国马萨诸塞州研究人员詹姆斯·沃麦克通过对汽车行业长达 5 年时间、涉及 14 个国家的全面系统研究，出版了《丰田精益生产方式》一书，该书剖析了丰田公司保持长盛不衰的根基，详尽描述了精益生产方式的五大要素，即产品设计、供应链协调、用户关系、订单发货管理、企业的精益管理，并将其推广到生产之外从卫生保健到零售业等所有价值创造活动中，在社会上产生了很大影响。1994 年，美国斯坦福大学的詹姆斯·C.柯林斯、杰里·I.波拉斯在其研究成果《基业长青——企业永续经营的准则》中提出，能够实现基业长青的企业具有以下共同特点：造钟（建立制度和机制），而不是报时；利润之上的追求；保存核心（理念），刺激进步；胆大包天的目标；教派般的文化；择强汰弱的进化；自家成长的经理人；永远不够好（永不满足）；起点的终点（一贯到底）。2001 年，詹姆斯·C.柯林斯通过长达 5 年的研究，在进入财富 500 强的企业中搜索 1965—1995 年实现跨越式发展的 11 个案例，与各自行业、资源、机会相似的企业（共 17 家）进行对比，总结和挖掘它们与众不同的经验，在其《从优秀到卓越》一书中提出了包括"第 5 级经理人"、先人后事、直面残酷的现实、"刺猬理念"、训练有素的文化和"技术加速器"等要素在内的"飞轮模型"。2004 年，中国学者陈春花、赵曙明、赵海然等通过对改革开放以来的 5 家"行业先锋"（宝钢、海尔、联想、TCL、华为）的深入研究，在其合著的《领先之道》一书中提出了促使企业持续飞速成长的因素，包括英雄领袖、中国理念、西方标准、渠道驱动、利益共同体等，以及企业文化核心竞争力、快速反应、远景使命等导出因素。

图 2-1　7S 管理模型

（二）中国管理智慧引起重视

中国改革开放以来经济的持续高速发展引起了全世界的关注。人们开始思考这样的问题：人类四大文明，包括古埃及、古巴比伦、古印度、古代中国，为什么只有中华文明绵延至今？为什么亚述王国、波斯帝国、马其顿王国、罗马帝国、拜占庭帝国、阿拉伯帝国、奥斯曼帝国等先后至多数百年就极盛而衰，而只有中国存续发展 2 000 多年？这可能与中国独特的传统文化和系统思维密切相关。美国《哈佛商业评论》1997 年组织了一批专家对 1922—1997 年的管理思想和管理实践进行了总结回顾，专家们评选出了在"全球化和知识经济时期"产生重大影响的两本书：一本是彼得·圣吉所著的《第五项修炼》；另一本是柯林斯和波拉斯合著的《基业长青——企业永续经营的准则》。彼得·圣吉在其著作的中文版序言中说："你们的传统文化中，仍然保留了那些以生命一体的观点来了解的、万事万物运行的法则，以及对奥妙的宇宙万有本源所体悟出极高明、精微而深广的古老智慧结晶。"柯林斯和波拉斯在其著作中主张运用中国的太极图来突破西方"非此即彼"的机械思维方式，以兼容并蓄的中国式智慧解决管理中一系列的两难问题。

为了探究中国的管理智慧，中国国务院发展研究中心、中国企业联合会、清华大学经济管理学院于 2006 年开展了"中国式企业管理科学基础研究"项目，国内上百位管理学教授、博士历时 5 年，采用实地调查和同业对比的方法，归纳出了国内 30 余家成功企业的共同经验，概括如下。

一是中的精神：实用理性的辩证智慧。

二是变的战略：高度权变的调适思维。

三是强的领袖：企业家的德、魅与愿。

四是家的组织：中国色彩的组织控制。

五是融的文化：个人价值与时代共鸣。

六是和的环境：政治分寸与关系和谐。

七是集的创新：标杆管理与整合再造。

八是博的营销：从草根到极致的战争。

九是敏的运营：恰当高效的基础管理。

这些研究成果充实了管理学的知识宝库。

（三）管理学向纵深发展

根据对近10年出版的管理学教材的研究，笔者发现其内容呈现向纵深发展的趋势。

1.充实近年来的管理新观念

笔者统计了19本管理学教材，有近半数的教材专设了介绍近年来出现的有关"创新""社会责任"和"组织变革"的管理新思潮、新观念的章节，还有些教材专设了关于"以人为本"和"创业管理"的章节，如表2-4所示。

表2-4　管理学教材专设章节统计（统计总数19本）

专设章节	创　新	社会责任（企业伦理）	组织变革	以人为本	创业管理
教材	10	8	8	3	3

2.对传统管理理论提出挑战

一些管理学学者和企业家对工业化时代提出的一些管理理论进行了反思，进而提出了挑战。例如，质疑传统理论有关企业性质和使命的假设，提出企业是相关利益者共同创造价值的平台，不是仅仅以盈利为目的的商业机构；提出以服务为中心取代以生产为中心，要将金字塔式的官僚组织结构转变为倒金字塔式的创客组织结构；等等。

3.探索带有普适性的原理

一些管理学学者不满足于"主流管理学"局限于管理职能原理的理论体系，深入探索指导整个管理活动的理念与法则，如系统原理、人本原理、权变观念、科学管理原理、创新观念、责任原理、效益原理等。

三、用系统哲学整合的管理学原理

（一）管理学界的系统思维潮流

要在广袤的管理知识原野上建立起具有科学逻辑性、普适性、实践指导性的原理体系，必须应用系统哲学，这也是中外管理学界的共识。

现代系统理论形成于20世纪中叶，20世纪40年代贝塔朗菲提出一般系统论、美国贝尔电话公司首创系统工程学、申农和维纳奠定信息论与控制论的理论基础开始，经过几十年的积累，已经形成包括现代世界观与方法论的具有普适性的科学体系。正如系统学派代表人物弗里蒙特·E.卡斯特与詹姆斯·E.罗森茨韦克所说："系统的哲理是研究复杂的人类活动的一种方法，它有助于认识各种组织进行活动的范围，而且着重于了解为达到目标而进行的活动之间相互关系的情况。"[①] 主流管理学代表人物哈罗德·孔茨早就注意到"管理工作需要一个系统方法"，"不论哪一本管理著作，也不论哪一个从事实务的主管人员，都不应忽视系统方法"。他在《管理学》教材中，始终把系统理论和方法安排在第一章。

系统思维也是中国管理智慧的核心。以《黄帝内经》《易经》《道德经》、五行学说、《孙子兵法》等为代表，中国先哲提出了一系列认识和处理复杂系统的理论和方法，包括天人合一的整体观、对立统一的结构观、相互转化的发展观、系统运筹的全局观等。中国人在医学、工程、治国、军事等方面广泛应用系统思想。正如美国学者肯尼迪在《大国的兴衰》一书中所披露的，依靠中国管理智慧，"十八世纪中国的工业产量，占世界的百分之三十二，全欧洲也才百分之二十三"。

（二）构建"道""法"融合的管理学体系

管理学的内容应该包括如何认识组织内外各种复杂关系、如何看待管理者与管理对象的关系等世界观，如何认识组织的使命、如何实现组织可持续及健康发展等价值观，以及如何确定组织的目标、采用何种策略和工具等方法论这三个层次。世界观、价值观相当于中国传统管理范畴中的"道"，方法论则相当于中国传统管理范畴中的"法"和"术"。

发端于西方的现代管理学受工业革命的科学基础古典物理学以及资本主义的信条理性人假设的影响，主要研究实现目标的方法和手段，忽略了对与管理相关的世界观和价值观的研究。管理学大师德鲁克曾对此批评道："大量有关管理的书是以管理技巧为中心、以条规为中心或者以职能为中心的"，"管理是一种社会职能并植根于一种文化（一个社会）、一种价值传统、习惯和信念之中，植根于政府制度和政治制度之中。管理受到而且应该受到文化的影响。管理人员的理想、献身精神和人格决定着管理是否成功"。

① 卡斯特，罗森茨韦克.组织与管理：系统方法与权变方法［M］.李柱流，刘有锦，苏沃涛译.北京：中国社会科学出版社，1985：73.

以系统哲学为指导，将有关管理的世界观、价值观和方法论整合在一起，既有决定视野、价值观、方向和目标的管理之道，又有决定管理实践的原则、体制、政策、程序、方法、手段的管理之术，从而构成一个相对完整的管理原理体系。

（三）管理原理金字塔

在借鉴前人研究成果的基础上，笔者以系统哲学为指导，努力吸收中国管理智慧，经过多年的思考和与同行的讨论，建立了以下管理学的新架构，笔者将它形象地称为"管理原理金字塔"，如图 2-2 所示。

图 2-2 管理原理金字塔

这个管理原理体系包括四个层次，其中第一、二、三层是"管理学"课程的主要内容。

第一个层次是管理要素的层次，或者叫作管理范畴的层次。管理范畴包括三要素：管理者、管理对象、管理行为。管理是人类主动行为，其行为主体就是管理者，行为的客体就是管理对象。管理者如何作用于管理对象，这就是管理行为问题。这个层次研究什么样的行为是管理、管理行为是如何发生的、管理的功能和作用是什么、谁是管理者、对管理者有何要求、如何认识管理对象、管理者与管理对象的互动如何影响管理效果等理论问题。

第二个层次是经营理念和准则的层次，主要解决管理的世界观、价值观和基本方法论（不同于管理职能方法）问题，研究以什么思想观念和行为准则指导企业及其他组织在健康的道路上前进，包括组织的使命，管理的宗旨、方针、信念、原则。管理理念和准则指导人们做正确的事。管理是要做事，要决策，要确定组织活动的目标并编制计划，要设计组织体制，要用人，要控制成本的。那么，根据什么决策？当各种目标发生矛盾的时候如何决定取舍？根据什么设计管理体制？如何面对不确定性？在逻辑推演和实证成果验证的基础上，本书提出创造价值、以人为本、科学经营、权变创新、系统优化五大理念和准则，作为指导组织管理的基本思路。创造价值理念和准则是回答企业（以及其他组织）的使命和目的问题；科学经营、权变创新、以人为本、系统管理是基于复杂系统性质，回答如何实现企业使命的问题，是实现企业目的的关键（西方学术界称之为工具价值观）。这五个理念和准则是由企业的系统属性决定的。创造价值的使命是由企业的经济系统属性决定的；以人为本的理念和准则主要是社会系统的要求；权变创新理念和准则主要是由企业的生态系统属性决定的；科学经营理念和准则既是技术系统的要求，又是经济系统、社会系统、生态系统的要求；系统优化是由企业复杂的系统性质决定的。

第三个层次是管理职能的层次。这部分主要研究管理者可以为组织贡献什么，应该承担哪些责任，具体怎么操作，包括每一项职责的任务、内容（要素和体系）、要求、机制、流程、方法、手段和经验法则。笔者认为，管理包含计划、组织、激励、协调、控制五个基本职能，一个领导综合职能。

职能学派的鼻祖法约尔将管理的基本职能归纳为计划、组织、指挥、协调和控制。"主流管理学"的代表人物孔茨对此做了较大修改。首先，他将协调职能去掉了，理由是"与其认为协调是一种职能，不如认为协调是管理的一项普遍原则"。笔者通过多年研究和管理实践，坚信协调是各层次主管耗费精力最大的一项工作，是与计划、组织、控制并行的管理的基本职能。其次，孔茨将激励、沟通合并称为领导，取代指挥职能。笔者认为在中国文化语境中，领导不是与计划、组织、控制并列的基本职能，而是包括重大决策、关键组织、非常形势下的动员和指挥在内的综合职能。美国著名学者约翰·科特专门论述了领导与管理的关系。领导和管理存在互相交叉的关系，你中有我，我中有你。因而领导包含在管理职能的层次中。

第四个层次是管理业务的层次。这是不同类别的组织活动都应该遵循的管理法则，其内容会因对象属性不同而有所区别。如图2-2所示，制造业企业的业务管理包括价值创造过程的研发管理、运营管理、营销管理，作为价值创造要素的人力资源管理、财务管理、物流管理、信息管理以及后勤管理。每项业务管理都有相应的规律，如研发管理有产品生命周期理论，营销管理有"4P"（产品、价格、渠道、促销）策略，人力资源管理有胜任力模型，等等。

从理论上讲，管理职能为第四层次，即企业经营业务管理（研发管理、运营管理、营销管理、人力资源管理、财务管理、物流管理、信息管理以及后勤管理）提供了共同的规律，无论哪一项业务，都需要制订计划、建立体制、增强动力、协调关系、控制质量和成本。

第三章　信息时代的企业管理

第一节　企业管理概述

一、企业管理概念

企业管理（Business Management）是企业为实现利润最大化而对企业的生产经营活动进行组织、计划、指挥、监督和调节等一系列职能的总称。这一定义说明了管理采用的措施是计划、组织、控制、激励和领导这五项基本活动。这五项活动又被称为管理的五大基本职能。每个管理者工作时都在执行这些职能的一个或几个。

计划职能包括对将来趋势的预测，根据预测的结果确立目标，然后要制定各种方案、策略以及达到目标的具体步骤，以保证组织目标的实现。国民经济五年计划、企业的长期发展计划以及各种作业计划都是计划的典型例子。

组织职能一方面是指为了实施计划而建立起来的一种结构，这种结构在很大程度上决定着计划能否实现；另一方面是指为了实现计划目标进行的组织过程。例如，要根据某些原则进行分工与协作，要有适当的授权，要建立良好的沟通渠道，等等。组织对完成计划任务具有保证作用。

控制职能是与计划职能紧密相关的，包括制定各种控制标准，检查工作是否按计划进行，是否符合既定的标准。若工作发生偏差，要及时发出信号，然后分析偏差产生的原因，纠正偏差或制订新的计划，以确保实现组织目标。

激励职能和领导职能主要涉及的是组织活动中人的问题：要研究人的需要、动机和行为；要对人进行指导、训练和激励，以调动他们的工作积极性；要解决下级之间的各种矛盾；要保证各单位、各部门之间信息渠道畅通无阻；等等。

二、企业管理的范畴

企业管理的内容包括企业发展过程中的全部工作内容，按照管理对象划分，包括人力资源、项目、资金、技术、市场、信息、设备与工艺、作业与流程、文化制度与机制、经营环境等。

现代企业管理一般可分成业务管理和行为管理两部分。业务管理侧重于对组织的各种资源进行管理，如财务、材料、产品等的管理。行为管理侧重于对组织成员的行为进行管理，由此产生了组织的设计、机制的变革、激励、工作计划、个人与团队的协作、文化等的管理。企业的业务管理和行为管理应该是相辅相成的，要配合起来才能更好地发挥管理的作用，不管其中哪一个方面出了问题，都会给管理的整体带来损失，甚至让企业管理停滞不前，受到严重的阻力。

企业管理按照成长过程和流程划分，包括项目调研—项目设计—项目建设—项目投产—项目运营—项目更新—项目二次运营—三次更新等周而复始的多个循环。

企业管理按照职能或者业务功能划分，包括计划管理、生产管理、采购管理、销售管理、质量管理、仓库管理、财务管理、项目管理、人力资源管理、统计管理、信息管理等。

企业管理按照层次上下划分，可分为经营层面、业务层面、决策层面、执行层面、职工层面等。

企业管理资源要素包括人力资源、物料资源、技术资源、资金、市场与客户、政策与政府资源等。

三、企业管理的发展历史

（一）企业管理的产生

企业管理是社会化大生产发展的客观要求和必然产物，是由人们在交换过程中的共同劳动引起的。在社会生产发展的一定阶段，一切规模较大的共同劳动都或多或少地需要指挥，以协调个人的活动。对整个劳动过程的监督和调节，使单个劳动服从生产总体的要求，从而保证整个劳动过程按人们预定的目的正常进行。尤其是在科学技术高度发达、产品日新月异、市场瞬息万变的现代社会中，企业管理显得更加重要。

（二）企业管理的发展阶段

企业管理的发展大体经历了 3 个阶段。

1. 18 世纪末～ 19 世纪末的传统管理阶段

这一阶段出现了管理职能与体力劳动的分离，管理工作由资本家个人执行，其特点是一切凭个人经验办事。

2. 20 世纪 20 ～ 40 年代的科学管理阶段

这一阶段出现了资本家与管理人员的分离，管理人员总结管理经验，使其系统化并发展，逐步形成了一套科学管理理论。

3. 20 世纪 50 年代以后的现代管理阶段

这一阶段的特点是，从经济的定性概念发展为定量分析，采用数理决策方法，并在各项管理中广泛采用电子计算机进行控制。

四、企业管理的演变

企业管理的演变是指企业在发展过程中的管理方法和手段的变化，通常由三个阶段构成：经验管理阶段、科学管理阶段、文化管理阶段。

（一）经验管理阶段

在经验管理阶段，企业规模比较小，员工在企业管理者的视野监视之内，所以企业管理靠人治就能够实现。其对员工的管理前提是经济人假设，认为人性本恶，天生懒惰，不喜欢承担责任，被动，所以管理者采用的激励方式是以外激为主，是"胡萝卜加大棒"，对员工的控制也是外部控制，主要是控制人的行为。

（二）科学管理阶段

在科学管理阶段，企业规模比较大，靠人治鞭长莫及，所以要把人治变为法治，但是对人性的认识还是以经济人假设为前提，靠规章制度来管理企业。其对员工的激励和控制还是外部的，通过惩罚与奖励来使员工工作，员工因为期望得到奖赏或害怕惩罚而工作，按企业的规章制度行事，在管理者的指挥下行动，管理的内容是管理员工的行为。

（三）文化管理阶段

在文化管理阶段，企业的边界模糊，管理的前提是社会人假设，认为人性本善，人是有感情的，喜欢接受挑战，愿意发挥主观能动性，积极向上。这时企业要建立相应的以人为本的文化，通过人本管理来实现企业的目标。

在文化管理阶段并不是没有经验管理和科学管理，科学管理是实现文化管理的基础，经验管理仍然是必要的，文化如同软件，制度如同硬件，两者是互补的。只是到了知识经济时代，人们更加重视个人价值的实现，对人性的尊重显得尤为重要，因此企业管理要以人为本。

五、企业管理文化

企业文化是企业在生产经营实践中逐步形成的为全体员工所认同并遵守的、带有本组织特点的使命、愿景、宗旨、精神、价值观和经营理念，以及这些理念在生产经营实践、管理制度、员工行为方式与企业对外形象上的体现的总和，它与文教、科研、军事等组织的文化性质是不同的。企业管理文化（Corporate Culture）。或称组织文化（Organizational Culture），是一个组织由其价值观、信念、仪式、符号、处事方式等组成的特有的文化形象。企业管理文化是企业的灵魂，是推动企业发展的不竭动力。它包含非常丰富的内容，其核心是企业的精神和价值观。这里的价值观不是泛指企业管理中的各种文化现象，而是企业或企业中的员工在从事商品生产与经营中的价值观念。

六、企业管理的架构

企业组织架构设计没有固定的模式，因企业生产技术特点及内外部条件而有所不同。但是，组织架构变革的思路与章法是能够借鉴的。

组织架构变革应该解决好以下四个结构。

一是职能结构。一项业务的成功运作需要多项职能共同发挥作用，因此在组织架构设计时首先应该确定企业经营到底需要哪几个职能，其次确定各职能的比例与相互之间的关系。

二是层次结构。各管理层次的构成，也就是组织在纵向上需要设置几个管理层级。

三是部门结构。各管理部门的构成，也就是组织在横向上需要设置多少部门。

四是职权结构。各层次、各部门在权力和责任方面的分工及相互关系。

七、企业管理的六种模式

未来的企业管理的目标模式是以制度化管理模式为基础，适当地吸收和利用其他几种管理模式的某些有用因素。因为制度化管理比较"残酷"，适当地引进一点亲情关系、友情关系、温情关系确实有好处，甚至有时也可以适当地对管理中的矛盾及利益关系做一点随机性的处理，"淡化"一下规则，因为制度化管理太呆板了。

（一）亲情化管理模式

这种管理模式利用了家族血缘关系中的一个很重要的功能，即内聚功能，也就是试图通过家族血缘关系的内聚功能来实现对企业的管理。从历史上看，虽然在一个企业的创业时期，这种亲情化的企业管理模式确实起到过良好的作用，但是当企业发展到一定程度的时候，尤其是当企业发展为大企业以后，这种亲情化的企业管理模式就很快会出现问题。因为这种管理模式中使用的家族血缘关系中的内聚功能会转化为内耗功能，所以这种管理模式应该被其他的管理模式替代。我国亲情化的企业管理模式在企业创业时期对企业的正面影响几乎是99％，但是当企业跃过创业期以后，它对企业的负面作用也几乎是99％。这种管理模式的存在只是因为我国的信用体制及法律体制还不完善，人们不敢把自己的资产交给与自己没有血缘关系的人使用，所以不得不采取这种亲情化管理模式。

（二）友情化管理模式

这种管理模式也是在企业初创阶段有积极意义。在钱少的时候，这种模式是很有内聚力的，但是当企业发展到一定规模，尤其是企业利润增长到一定程度之后，友情就淡化了，因而企业如果不随着发展尽快调整管理模式，就必然会很快衰落甚至破产。

（三）温情化管理模式

这种管理模式强调管理应该更多地调动人性的内在作用，只有这样，才能促使企业快速发展。在企业中强调人情味的一面是对的，但是不能把强调人情味作为企业管理制度的最主要原则。过度强调人情味，不利于企业发展，最后往往会使企业面临失控，甚至破产。有人总是喜欢在企业管理中讲温情，认为一个人作为企业管理者，如果为被管理者想得周到，那么被管理者就必然会努力工作，这样企业就会更好地发展。可见，温情化管理模式实际上是想用情义中的良心原则来处理企业中的管理关系。在经济利益关系中，所谓的良心是很难谈得清楚的。用经济学的理论来讲，良心实际上就是一种伦理化的以人情味为形式的经济利益的规范化回报方式。因此，如果笼统地讲良心，讲人性，不触及利益关系，不谈互利，实际上是很难让被管理者好好工作的，最终企业是搞不好的。管理并不只是讲温情，而应首先讲利益关系。有些人天生就是温情的，对利益关系的界定往往心慈手软，然而在企业管理中利益关系的界定是"冷酷无情"的。只有那种在各种利益关系面前"毫不手软"的人，尤其对利益关系的界定能"拉下脸"的人，才能成为职业经理人。例如，如果有人下岗的时候哭哭啼啼，一个人作为管理者心软了，无原则地可怜下岗者而让他上岗，那么这个人就完全成不了职业经理人。

（四）随机化管理模式

随机化管理模式在现实中具体表现为两种形式。一种形式是民营企业中的独裁式管理。之所以把独裁式管理作为一种随机化管理，是因为有些民营企业的创业者很独裁。他说了算，他随时可以任意改变任何规章制度，他的话就是原则和规则，因而这种管理属于随机性的管理。另一种形式是发生在国有企业中的行政干预，即政府机构可以任意干预一个国有企业的经营活动，最后导致企业的管理非常随意化。可见，这种管理模式要么表现为民营企业中的独裁管理，要么表现为国有企业体制中政府对企业的过度性行政干预。现在好多民营企业的失败就是这种随机化管理模式造成的。因为即使创业者的话说错了，别人也无法发言纠正，甚至创业者的决策做错了，别人也无法更改，最后只能是企业倒闭。

（五）制度化管理模式

所谓制度化管理模式，就是按照已经确定的规则来推动企业管理。当然，这种规则必须是大家认可的带有契约性的规则，这种规则也是责、权利、对称的。因此，未来的企业管理的目标模式是以制度化管理模式为基础，适当地吸收和利用其他几种管理模式的某些有用因素。这是中国这十几年来在企业管理模式的选择方面大家得出的具有共识性的结论。

企业初创时期，事务相对简单，管理层次和管理幅度也没有十分宽泛，因此可以采取直接管理的方法。例如，一些家族企业在规模还不大的时期，采用直接管理是十分有效的。但当企业发展壮大以后，管理方法就需要随之创新和优化。一般来说，我们可以将企业的管理方法分成几种类型，并在企业的不同发展阶段合理地、单一或复合地加以运用，这样可以使企业更好地发展。

（六）系统化管理模式

通过建立企业组织机构战略愿景管理、工作责任分工、薪酬设计、绩效管理、招聘、全员培训、员工生涯规划七大系统，完成企业的系统化、标准化、统筹化的管理。这样有利于企业的快速发展，因为在企业用这一套系统打造完一个管理的标准模板的时候，旗下的分公司或者代理都能简单地复制这一模板，这就降低了公司发展的难度。这就是企业组织系统的最大可利用性。

八、经典企业管理法则

（一）"刺猬"法则

两只困倦的刺猬由于寒冷而拥在一起，可因为各自身上都长着刺，所以它们离开了一段距离，但又冷得受不了，于是凑到一起，几经折腾，两只刺猬终于找到了一个合适的距离，既能互相获得对方的温暖，又不被扎。"刺猬"法则就是人际交往中的"心理距离效应"，领导者要搞好工作，应该与下属保持亲密关系，这样做可以获得下属的尊重；但同时领导者还要与下属保持适当的心理距离，避免在工作中丧失原则。

（二）"南风"法则

"南风"法则也称为"温暖"法则，这一法则源于法国作家拉·封丹写的一则寓言。北风和南风比威力，看谁能把行人身上的大衣脱掉。北风首先吹动，寒风凛冽，寒冷刺骨，结果行人把大衣裹得紧紧的；南风则徐徐吹动，顿时风和日丽，行人因为觉得暖和，解开纽扣，继而脱掉大衣，南风获得了胜利。这则寓言形象地说明了一个道理：温暖胜于严寒。领导者在管理中运用"南风"法则，就是要尊重和关心下属，以下属为本，多点人情味，使下属真正感觉到领导者给予的温暖，从而去掉包袱，调动工作的积极性。

（三）"金鱼缸"法则

金鱼缸是玻璃做的，透明度很高，不论从哪个角度观察，里面的情况都一清二楚。将"金鱼缸"法则运用到管理中，就是要求领导者提高单位各项工作的透明度。单位的各项工作有了较高的透明度，领导者的行为就会被置于全体下属的监督之下，这样就可以有效地防止领导者享受特权、滥用权力，从而强化领导者的自我约束机制，增强单位的向心力和凝聚力。

（四）"热炉"法则

每个单位都有自己的规章制度，任何人违犯了都要受到惩罚。"热炉"法则形象地阐述了惩处原则。

第一，热炉火红，不用手摸也知道炉子是热的，触碰到炉子是会被灼伤的——警告性原则。领导者要经常对下属进行规章制度教育，以警告或劝诫其不要违犯规章制度，否则就会受到惩处。

第二，当你碰到热炉时，肯定会被灼伤——必然原则。只要违犯单位的规章制度，就必定会受到惩处。

第三，当你碰到热炉时，立即就被灼伤——即时性原则。惩处必须在错误行为发生后立即进行，绝不拖泥带水，绝不能有时间差，以达到及时改正错误行为的目的。

第四，不管谁碰到热炉，都会被灼伤——公平性原则。

（五）互惠关系定律

"给予就会被给予，剥夺就会被剥夺。信任就会被信任，猜疑就会被猜疑。爱就会被爱，恨就会被恨。"这就是心理学上的互惠关系定律。当领导者真诚地辅助员工的时候，员工才能真心地辅助领导者，拥戴领导者。

（六）"手表"定律

一个人同时拥有两只表时，会无法确定时间，要做的就是选择其中较信赖的一只，尽量校准它，以此作为标准，听从它的指引行事。"手表"定律在企业经营管理方面给人们一种非常直观的启发，就是对同一个人或同一个组织的管理不能同时采用两种不同的方法，不能同时设置两个不同的目标，甚至一个人不能由两个人同时指挥，否则将使企业或个人无所适从。

第二节　信息时代数据发展与企业管理的关系

一、信息时代对企业管理的影响

数据始终贯穿在管理的计划、组织、领导、控制和创新中。在进入信息时代后，如何更好地利用信息爆炸时代产生的海量数据为管理服务，利用数据创造财富是不可回避的命题。管理决策基于数据和分析而做出，并非基于经验和直觉，它对企业正确地制订发展计划与合理安排企业资源有重要的意义。

（一）信息时代对企业管理思想的影响

信息时代的来临改变了企业的内外部环境，引起了企业的变革与发展。企业越来越智能化，管理实现了信息化。企业中的数据收集、传输、利用需要现代管理思想的支撑。

信息时代环境下的企业管理应当以人为本，在实践的基础上运用现代信息化技术，采用柔性管理，将数据当作附加资产来看待。企业运营离不开数据的支撑，企业在管理中如果不能深刻认识到信息时代的特性，仅以公司短期盈利为目标，是缺乏战略性思考的。企业有效利用数据分析结果进行预测，抓住市场先机、顾客需求，就能主动赢得市场，只有这样才能在企业管理与销售业绩上创造出更大的财富。

（二）信息时代对企业管理决策的影响

信息时代对数据的分析与利用是企业决策的关键。首先，信息时代的决策需要大市场的数据。基于云计算的信息时代环境影响到企业信息收集方式、决策方案选择、决策方案制定和评估等，对企业的管理决策产生影响。信息时代决策的特点体现为数据驱动型决策，信息时代环境下的管理决策是一种全新的决策方式、业务模式，企业必须应对信息时代环境对管理决策的新挑战。其次，信息时代对决策者和决策组织提出了更高的要求。信息时代改变了过去依靠经验管理理论和思想的决策方式。管理决策层根据数据分析结果发现和解决问题，预测机遇与挑战，规避风险，这就要求决策层具有较高的决策水平。信息时代需要企业全员参与决策，在动态变动环境下，决策权力更加分散才有利于企业做出正确的决策。这就要求企业的组织更加趋于扁平化。

（三）信息时代对企业人力资源管理的影响

人力资源是企业中最宝贵的资源，是企业创造核心竞争力的基础。基于信息技术，企业将大大提高人力资源管理的效率和质量，有效地加快人力资源工作从过去的经验管理模式向战略管理模式的转变。

公司从员工招聘到绩效考核与培训，积累了大量的各类非线性数据，这些数据都是无形的资产。利用信息技术，将这些数据进行整合分析、利用，能够为企业带来巨大影响。首先，在员工招聘上，只需将单位用人要求与员工各项能力数据相匹配，结合人力资源招聘的经验，便可轻松选出符合要求的员工。其次，在绩效考核上，进行标准化管理，对员工日常的各类数据进行分析，设定等级标准，即可得出客观公正的考核结果。这避免了绩效管理的主观性与不全面性。最后，根据信息分析结果，针对不同员工区别培训，能更有效率地提高培训水平。

（四）信息时代对企业财务管理的影响

信息时代使财务管理的模式和工作理念发生了颠覆性的改变。首先，财务管理更加稳健。公司将各类财务数据在信息技术下进行发掘，提取出更多有用的财务信息，及早发现财务风险，为管理决策者提供重要的决策依据，使之能做出正确的决断。其次，财务数据的处理更加及时高效。财务数据在企业日常运营中举足轻重，企业的各项交易都依赖财务数据分析，企业基于信息，通过对财务数据的分析和处理，能够改进财务管理工作的运行模式，并降低企业资金运作成本，增加利润。通过信息技术对企业的财务数据进行整理和分析，实现了企业价值增值。

综上所述，信息时代影响着企业管理的诸多方面，信息时代的到来对企业管理来说既是机遇，又是挑战。

二、信息时代企业管理的机遇

（一）充分及时地挖掘客户的需求

信息时代的到来使人们不再需要通过调查问卷等形式来了解客户群，而可以更充分及时地挖掘客户的需求。例如，在网络购物盛行的今天，商家通过网络平台，可以很轻易地收集到顾客在网络购物中浏览的产品、收藏的产品以及购买的产品信息，根据这些信息，不仅可以向顾客推荐降价优惠产品，调整自己的生产库存量、产品设计，还可以在顾客的消费评价中找到需要改进的地方。

（二）针对客户的需求和评价随时对产品做出改进

对信息的分析可以使生产者了解顾客需要什么以及什么时候需要，根据他们对已购买商品的评价可以对已生产的产品做出改进，针对产品需求的发展趋势可以作出新的产品设计。重要的是，这些信息可以被及时收集到。所以在现在的消费者导向市场，应充分利用信息。当然，信息对生产者有用，不仅适用于线上产品生产商，也适用于线下产品生产商。也就是说，获取信息既可以通过直接的途径，也可以通过间接的途径。

（三）寻找新的市场和商业机会

利用信息，企业甚至可以预知顾客尚未提出的需求，这通过企业掌握的数据模式和回归分析即可实现。信息也可以帮助企业发现哪个市场适合首先推出新产品。

（四）高效节约地组织管理企业

企业通过对所掌握的信息的分析，可以轻易地发现组织管理中效率较低的地方，从而改进目前的管理制度和方法，使企业管理变得更加高效。特别是在物流业中，将道路状况、交通信息、天气条件以及客户的位置结合起来进行配送安排，可以减少资源的浪费。例如，沃尔玛的成功即源于其对信息的成功应用，它的采购、库存、订货、配送和销售已实现一体化，在节省很多时间的前提下，加快了物流的循环。高效运行使其总是先人一步，进而从激烈的市场竞争中脱颖而出。

（五）加强企业风险管理

对企业经营的各个过程进行风险预测、风险监督和风险控制是企业管理的一个重要方面。利用信息，可以针对企业的生产经营以及接触的客户或供应商确定其风险类别。特别是在保险业，利用信息可以确定客户未来可能遭受的损失，帮助保险公司以恰当的价格和时间范围为客户提供恰当的产品，并降低索赔成本，避免客户骗保行为。当然，在除了保险业以外的其他行业，信息也是非常有用的，对于向外界提供贷款的金融行业来说，利用信息对客户进行全面分析也是当务之急。

三、信息时代企业管理的挑战

（一）信息分析人才不足

企业要应用信息首先要对信息进行处理，而在信息的处理环节，数据科学家是能否实现信息价值的关键。只有数据科学家对数据关系重新建构，赋予数据新的意义，数据才能为企业所利用，才能增强企业核心竞争力。

这里所提到的数据科学家不仅仅是过去的钻研数据分析的"专才"，更应该是一种综合能力较强的复合化人才。简单来说，为了从数据中提炼出有效信息，并且将其作为决策支持，数据科学家必须先将问题进行量化，然后加以分析，解决问题。数据科学家还要具备让非专业人士了解数据内涵的能力，即沟通能力。总结起来，要成为合格的数据科学家，必须同时具备三种能力：一是熟悉数据分析工具操作；二是熟悉企业业务运作细节；三是具备数据勘探知识。同时具备这三种能力专长的人才是非常稀缺的。目前，国内的数据分析师都擅长为已经发生的问题找出问题的源头并排除问题，但大都缺乏发掘未知问题的能力，所以我国许多企业在对信息进行处理的过程中大多需要国外顾问到国内来解决问题，而这所花费的时间与成本让信息处理的效益大打折扣。

（二）信息存储能力的限制

如今的信息所涉及的数据量规模巨大，无法通过人工在合理时间内进行获取、管理、处理并整理为人们能解读的信息。视频作为数据量最大的一部分，其数据量逐年增长。目前，单节点的存储设备已无法满足很多企业巨大数量的视频监控数据的管理需求，其发展也很难跟上数据的增长速度。目前，视频文件的存储主要存在以下三个问题：第一，存储设备管理接口不统一；第二，存储资源的管理和分配制度还需补充完善；第三，以文件系统为核心的数据存储方式存在很多弊端，如，写文件会导致文件系统元数据区频繁持续更新，从而损坏文件系统的元数据区，使文件系统不可用。视频存储的重要性因其作为图像数据和报警事件记录的基础载体不必多说，其存储的需求已经不是一台或几台设备就能够满足的，需要建立一个平台来解决问题。但是这些条件目前还难以满足。

（三）信息安全隐患

大数据具有强大的信息提取功能，若将信息应用于企业管理，不免产生数据安全方面的问题。首先，这种安全问题表现为人们对数据掌握者的担忧。奥威尔的《1984》描述了在大洋国，党领袖"老大哥"利用电幕监控人们的日常生活，任何逆党言论甚至表情都会受到监控并加以报告，不敬者将遭到教育、改造、逮捕甚至清洗的故事。这是对专制集权的批判之作。在信息时代，信息甚至被视为与"电幕"一样的监控工具。无论是政府，还是企业，掌握更多的数据意味着有更多的话语权，也就拥有了更多的权力。这种权力必须得到有效的监管和限制。企业的经营管理必须在法律法规的框架下进行，否则可能给企业带来不利影响。其次，这种安全问题表现为数据本身的不安全。海量信息的集中存储会使数据的分析处理更加便捷，但在管理不当的情况下反而容易导致数据泄露、丢失或损坏。数据安全的威胁长期存在。研究表明，目前在泄密事故中由内部人员导致的泄密事故占 75% 以上，虽然通过管理制度规范、访问控制约束以及审计手段威慑等防护措施能在很大程度上降低内部泄密风险，但在个人灵活掌握终端的情况下，这些防护手段仍然很脆弱。一旦终端信息脱离组织内部环境，泄密情况就很可能会发生。因此，为了保护信息的安全，必须采取更完善的措施对信息进行加密，只有这样才能实现整个信息生命周期的有效保护，从根本上解决数据泄密的问题。

综上所述，对于企业来说，信息时代既是机遇，又是挑战。企业在信息时代为了获得领先优势，必须转变思维，变革管理模式，充分、有效地利用信息，挖掘其中蕴含的附加价值，力求在瞬息万变的全球化经济环境中赢得竞争，发展壮大。

四、信息在企业管理中的具体应用

（一）真正实时地了解客户

在过去，企业普遍采用小组讨论和调查问卷的方式寻找客户。当调查结果总结出来时，往往已经过时了，而利用信息，这种状况将不再发生。信息能够帮助企业勾勒出其客户的行为和需求。充分了解客户是有效地与客户达成生意合作的关键，当然，企业要确保客户的隐私不被泄露。信息可以为企业提供针对个体客户的十分个性化的见解。通过互联的社交媒体数据、移动数据、网络分析和其他数据分析，企业可以充分了解每一位客户，实时地知道他们想要什么以及何时想要。

（二）改进和创新产品

信息分析可以帮助企业更好地了解客户想要的产品。通过从社会媒体和博客上收集人们对某款产品的评价，能够为企业提供比传统的问卷调查更多的信息。特别是这些信息是实时收集到的，企业可以立即有针对性地解决存在的问题。信息还可以帮助企业同时进行数以千计的实时模拟，测试新产品或改进数字化产品。利用可扩展的计算机资源，结合仿真算法，可以在同一时间运行和测试成千上万的不同的产品变化。每个设计只需一点点的调整，仿真程序可以结合所有的小改动，显示一款产品的改进互联网线下产品，如果知道如何操作，也可以利用信息进行产品改进和创新。

（三）确定企业面临的风险

确定企业面临的风险是今天企业开展业务的一个重要方面。为了确定一个潜在的客户或者供应商的风险，需要对客户或供应商进行特定的归类，每位客户或供应商都有自己的风险水平。如果客户或供应商被归类到一个错误的类别，无疑将导致错误的风险。利用信息可以根据每位客户或供应商过去和现在的实时数据有针对性地确定其风险类别。

（四）个性化网站

企业曾经采用劈裂试验（split test）和 A/B 测试确定客户的最佳布局。利用信息，将永远改变这一过程。网络数据可以实时地分析。这将使企业有一个流体系统的外观、感觉和布局变化，反映多种影响因素，可以收集每位客户对网站的建议，进而按照其建议对网站进行完善。当客户一个星期或一个月后再次访问该网站时，可能会看到一个符合自己期望并与之前完全不同的网站。

（五）改善服务支持系统

利用信息可以远程监控机器，查看机器的运行情况。使用远程信息处理能够对机器的各个不同部分进行实时监测，并将数据发送给制造商，进行实时的存储分析。当检测到机器偏离正常的运行轨道时，服务支持将发出警告；当不使用机器时，可以进行自动维护；当工程师对机器进行维修时，可以利用所有可获得的信息准确地知道应该进行哪些维修工作。

（六）寻找新的市场和新的商业机会

政府部门出台了各种政策来刺激企业利用和收集大量的开放数据。2011年，欧盟举办了公开数据挑战，这是欧洲最大的开放式数据竞争，激发创业者利用政府部门大量的开放式数据作出创新的解决方案。荷兰政府将重点放在积极促进文化数据的再利用和企业编程马拉松上。此外，企业还可以对已经掌握的数据进行分析，发现客户潜在的需求和愿望。信息也可以帮助企业发现在哪个市场推出首款产品，或在哪里放置产品更为合适。丹麦的维斯塔斯风力系统公司通过对信息进行分析，找到了世界上最好的使用风力涡轮机的地方。

（七）了解竞争对手

所谓"知己知彼，百战不殆"，充分了解竞争对手，分析竞争对手当下的状况，能为企业提供一个有价值的开端。使用信息分析算法能够发现竞争对手产品价格的变化，从而改变自己的价格以及保持竞争力；也可以监测竞争对手的其他行为，如自动跟踪对手的新产品或促销活动。但这些的数据都是开放的数据，因此竞争对手自然也可以跟踪到自己企业的数据。

（八）更有效地管理企业以节省资金

企业通过分析掌握的所有的数据，可以更好地管理企业各个部门。特别是使用新的信息源可以使供应链中的物流业变得更高效。卡车内的电子车载录像机可以进行定位，利用拖车和分销，负载的卡车可以更有效地结合道路状况、交通信息和天气条件以及客户的位置进行运送，大大节省时间和金钱。

五、如何在企业管理中正确应用信息

信息行业的兴起会颠覆既有的企业的管理体系。简单地说，信息就是打破存储壁垒，对企业多年积累的业务、财务、市场和人事等方面的信息进行深入挖掘和分析，从而发现阻碍业务发展的原因，进而对症下药，解决问题。

（一）财务管理中信息的应用

在信息时代，首席财务官的工作职责已经从管理财务延伸到企业整体绩效的提升上了。他们可以利用各种数据分析工具对企业进行分析，从而将有限的资源配置在高收益的领域，并且制定行之有效的财务流程对企业进行现金流管理、兼并管理及风险管理等。

以前，企业在大力推行财务管理的信息化和标准化时，主要强调内部统一标准的建立，以确保财务信息和业务信息的统一。但在信息时代的条件下，数据采集和分析的工具更为先进，在数据格式不统一的情况下仍能对其进行高效分析，这也就为原本信息基础架构很差的企业提供了转型升级的机会。

（二）人力资源管理中信息的应用

全球范围内信息处理技术的迅猛发展使整个社会逐步迈入信息时代，而信息处理技术本身也成为我国人力资源管理与招聘行业制胜的重点。近年来，在人力资源管理与招聘行业中，以信息技术为支撑的产品的销量在全球范围内得到了快速增长。人力资源行业企业开始通过出售经过分析处理得到的商业报告来获取收益，这种新的商业模式的出现就是基于对商品化的信息的应用。与此同时，人力资源管理与招聘行业的信息处理技术还得到了一些欧美政府部门的注意。随着信息时代的来临，各国的人力资源管理与招聘行业也会告别过去依靠市场投入驱动增长的粗放发展模式，进入以技术竞争，尤其是以信息技术为代表的高壁垒竞争时代，从而使这个行业的发展更加成熟。

（三）信息在营销管理中的应用

从商业本质上来说，营销的过程就是明确需求、提供价格、完成交易、实现利润的过程。互联网金融的迅速发展逐渐改变了消费者的消费模式和行为习惯，也迅速改变了传统的商业模式。在信息时代之前，企业更多的是依靠客户关系或商业智能系统获得顾客信息、市场促销、广告活动、展览等结构化数据以及企业官网的一些数据，但这些信息只能满足企业日常营销管理需求的 10%，并不足以洞察和发现规律。而其他 90% 的数据，诸如社交媒体数据、邮件数据、地理位置数据、音频视频数据等不断增加的信息数据，还有逐渐广泛应用、数据量更大、以传感器为主的物联网信息，以及风起云涌的移动 4G 互联网信息等，都是非结构性或者被称为多元结构性的数据，它们更多以图片、视频等形式存在。几年前这些数据一直处于被忽视的状态，但如今在信息能进一步提高算法和机器分析作用的情况下，这类数据能被信息技术所充分挖掘、运用，它们的作用日益突出，在竞争激烈的市场中就变得日益宝贵起来了。目前，虽然信息展示了非凡的前景和巨大作用，但是信息营销仍面临很多问题与挑战。首先面临的问题是技术和工具困境，毕竟信息技术还处在发展期，各方面技术并不太扎实，各项工具仍需要进一步完善。况且要真正启动信息营销，人们所面临的不仅仅是技术和工具问题，更重要的是要转变经营思维和组织架构，只有这样才可以真正开始挖掘这座数据金矿。

以上为对信息在企业管理中部分理论性应用的简要阐述，笔者将在后文对此进行详细论述。

六、信息时代的先行者

需要指出的是，我国在信息领域已经相对落后，当国内还在热衷于云计算的时候，全球领先的信息技术企业们已经开始把注意力转向云计算背后的信息。"信息比云计算更重要"的判断也许有点夸张，但是可以肯定的是，云计算不单是提供云存储等信息技术基础架构服务，信息的处理更是其核心与关键。

信息技术巨头们纷纷主动抛出橄榄枝，重金招揽信息创新企业。尤其是国际商业机器有限公司（IBM），在收购了 Netezza、Butterfly 以及 Tealeaf 等多家数据分析公司之后，近期又动作频频，如风传 IBM 将收购信息公司 Splunk，再如 IBM 宣布的对信息分析公司 Star Analytics 的收购计划。

第三节　信息时代企业管理创新

管理随着社会的形成而形成，随着社会的发展而发展，具有鲜明的时代性，可以说管理是人类社会最基本的活动之一。信息时代的到来对管理提出了新的要求，管理逐步走向人性化、知识化、柔性化、信息化。当今世界进入了一个以高科技、信息网络、知识等为重要构成部分和主要增长动力的新经济时代，固定不变的常规型企业管理已不能适应时代的发展，管理创新势在必行。

管理创新是指企业在现有资源的基础上，发挥人的积极性和创造性，通过一种新的或更经济的方式来整合企业的资源，并有效地加以实施，以达到管理效益最大化的动态过程。企业管理是为了实现利润最大化而对企业的生产经营活动进行的包括计划、组织、协调、控制等在内的一系列行为。良好的企业管理对企业获得更高利润、不断提升竞争力和实现可持续发展具有重要的意义。管理范畴包括对市场经济活动中产生的数据进行搜集、筛选、建模、分析，最终获得能够支持企业战略和经营决策的信息。同样，信息也在改变着企业管理的思维，要求企业必须进行管理方面的创新。

创新是我国企业发展的一个重要课题。但是，我国企业长期以来的创新能力不强，企业的管理水平还较落后。信息给我国企业带来许多机遇的同时，也使我国企业面临更大的挑战。这就要求我国企业必须创新，只有这样才能适应环境的变化，才能持续稳定发展。我国企业在新经济时代所面临的竞争是全方位的，差距是明显的，要想缩小这个差距，实现跨越式发展，根本出路在于创新，特别是管理创新。

一、创新的相关概述

（一）创新的含义

创新是一种经济发展理论，具有经济涵义，属于经济范畴，反映技术、经济、社会相结合的综合效应，是经济发展的动力和源泉。根据研究目标的不同可以将创新划分为不同的类型。

熊彼特认为，所谓创新就是建立一种新的生产函数，把从未有过的生产要素和生产条件的"新组合"引入生产体系。这种新组合包括五种情况。

第一，开发一种新产品或某产品的一种新特性。

第二，采用一种新的生产方法，也就是在有关的制造部门中尚未通过经验检定的方法，这种新的方法不需要建立在新的科学发现的基础上，并可以存在于商业上处理一种产品的新的方式之中。

第三，开辟一个新的市场，就是有关国家的某一制造部门以前不曾进入的市场。

第四，掠取或控制原材料或半制成品的一种新的供应来源，也不用关注这种来源是已经存在的，还是第一次创造出来的。

第五，实现任何一种工业的新的组织，如造成一种垄断地位或打破一种垄断地位。

创新正是通过技术创造与各种经济、社会、自然条件相结合，以推进经济和社会发展为目的，是技术发展满足经济和社会需求的社会行为。

（二）创新的类型

1.技术创新

技术创新是指一种新的生产方式的引入。所谓新的生产方式，具体是指企业从投入品到产出品的整个物质生产过程中所发生的突变，这种突变与在循环流转的轨道中年复一年的同质流动或小步骤的调整不同。

2.管理创新

管理创新是不断根据市场和社会变化，重新调整人才、资本和科技要素，以知识创新适应市场，满足市场需求，同时达到自身的效益和社会责任的目标的过程。

3.制度创新

制度创新，就是指随着生产力的发展，要不断对企业制度进行变革，因而通常也可以称之为企业制度再造。企业制度创新对企业来讲是极其重要的，因为企业本身就是一种生产要素的组合体，企业对各生产要素的组合，实际上就是依靠企业制度而组合起来的。正是因为如此，所以不少人在谈到企业的定义的时候，往往都认为企业就是一个将各种生产要素按一定制度而组合起来的经营主体。由此可见，企业制度对于企业来说，是极其重要的。

二、数据时代进行企业管理创新的必要性

进行企业管理创新的原因主要有两方面：一方面是信息时代为企业发展带来了机遇，另一方面是信息时代为企业管理带来了挑战。信息中蕴含着经济价值，如果企业能够通过管理创新，利用这些数据为企业的经营管理和决策提供有效信息，那么将会为企业带来巨大的收益，这也是企业发展的内在需要；同时，信息给企业管理带来了一系列的问题，企业想要在当前时代中获得生存和更大发展就必须进行管理创新。

（一）企业发展的内在需要

在信息时代，进行管理创新能够为企业发展带来很多好处，下面主要从企业经营管理、企业竞争力和人力资源管理三个方面进行分析。

1. 企业运营管理

企业运营管理的本质是为企业带来更多的客户，提高企业的竞争优势。而获得大量数据在于掌握和预测客户现有或者潜在多元化的需求，并通过采用相应的策略予以满足。信息时代的经营管理创新最主要是加强对信息的有效利用。其中包含着大量消费者个人情况、动态需求、消费行为和习惯等有用的信息，因此企业可以通过专业的数据挖掘和分析等手段，获得客户的需求和偏好信息，找准切入点，进行精准营销，最大程度地满足客户要求，从而在竞争中占据优势。

2. 企业竞争力

在企业的市场竞争中，政府的支持和保护政策以及地理位置优势开始逐渐失去当初的重要作用。企业只有提升自身价值，才能更加长久地在竞争中占据一席之地。在信息时代，数据信息成了企业竞争力的重要构成要素之一，对数据进行科学合理分析，除了可以挖掘客户需求，制定有效的策略以抢占市场份额外，还可以进一步优化企业数据信息资源，准确把握和预测市场情况，为企业制定更为合理、更具前瞻性的发展战略，对企业各项活动做出高效的决策，发挥企业的潜在价值，既能够节约成本，又可以促进企业的数据信息增长，提高企业的核心竞争力。

3. 企业人力资源管理

无论外界环境怎样改变，人才始终是企业的核心竞争力。借助数据进行人力资源管理创新，可以建立员工个人信息和工作信息数据库，从数据中获得员工的相关信息，综合挖掘员工内在诉求，预测其发展走向，尽可能地满足员工的需求。一方面，可以减少人才流失，提升员工的忠诚度；另一方面，能够吸引更多的优秀人才为其所用，能够大幅度提升人力资源管理的水平，为企业未来发展带来无限的动力和活力。

（二）应对信息时代挑战的必然要求

信息具有数量巨大、结构复杂、时效性较强等特点，这些特点使企业在进行数据分析处理工作时面临很大的困难，同时在数据信息的运用中也存在着一些问题，而以往的企业管理已经难以满足需要，这也是企业不得不进行管理创新，实现对信息有效利用的原因。这些问题主要体现在以下几个方面。

1. 企业数据分析要求实时性

当前社会经济发展速度非常快，企业发展的内外部环境也在不断变化，这样一来，需要企业搜集、筛选、整理和分析的数据也会快速更新，数据量不断增大。而企业要想对企业内部进行有效控制、对外部市场进行准确了解和把握，就必须对这些数据进行快速处理。由于需要处理和分析的数据量过于庞大，企业很难保证其时效性。

2. 数据整合要求提高

当前时代，网络和信息应用程度较高，数据的收集途径除了传统渠道外，还包含一些网络社交、电子商务等环境，从这些环境中所获得的数据相较于传统结构化的数据在形式上更加多样化，如视频、地理位置、图片等。但无论是何种样式的数据信息都对企业管理决策具有重要意义，而企业真正能够有效处理的只有结构化的数据，对这种非结构化或者半结构化的数据，往往缺少有效的整合和处理方式，不能使其发挥相应的价值。

3. 决策观念有待改变

任何企业的经营决策都需要有一定的基础和依据，往往一目了然的数据更容易用来辅助决策，并且将数据分析结果作为决策依据，既能够使决策更具科学性和合理性，又能够有效降低管理的风险。同时，数据分析的深度和质量，也影响着决策的水平。在信息时代，企业管理者已经不能像以往那样只通过一些简单的数据信息对企业自身发展情况进行分析，而要需要通过深度挖掘信息，更多地对横向的外部竞争环境和竞争对手进行对比分析，以更好地发现自身问题和发展机会。因此，企业需要转变其决策观念，以加强对数据的有效利用。

4. 数据安全需要得到保证

数据的增多大大增加了企业数据管理的工作量和难度，而企业的数据中存在着较多含有隐私的信息，且都是通过网络和计算机进行储存的，存在一定的安全隐患。因此，在复杂的数据和网络环境下，企业需要加强信息管理创新，加强对客户和自身的各项数据的安全保护，以免数据泄露或遗失，从而造成企业损失。

综上所述，信息时代给企业带来了全新的发展机遇，但也使企业管理面临新的问题，这两方面都促使企业在当前时代进行管理创新，以更好地适应时代的发展，把握发展机会，提升自身竞争力，实现可持续发展。

三、信息时代企业管理创新的途径

（一）构建信息集成系统

面对信息时代庞大的数据量，企业处理和分析数据的效率对企业管理具有重大意义，想要提升信息分析的数量和质量，不仅需要充分运用云计算和数据挖掘技术，还需要通过高效的分析，为企业决策提供科学合理的预测和判断。因此，企业应该根据自身需求，构建一个信息集成系统，便于多种数据的共享和整合，从而进行更高效率的数据处理工作，在信息时代为企业把握外部环境和抢占发展先机提供支持。

（二）改变决策方式

在信息时代，产生和传输的数据不只包括结构化数据，还包括大量的以网络、地理位置、图像、视频等形式存在的非结构化数据。要进行企业管理创新，就要重视这些非结构化数据的作用。企业不仅要进行企业信息网络的构建，还要针对非结构化的信息进行数据管理平台的创新，并做好相关数据的收集和筛选工作，将其添加到企业信息数据库中。此外，企业还要对这些数据信息进行有效的保存和管理，进行实时的监控和检测，呈现动态的服务和产品信息，开发和加强企业分析数据信息的检索功能，不断提高企业数据管理工作的效率，将数据作为企业经营决策的依据，推动企业提高管理水平。

在信息时代，网络和信息技术的广泛应用为企业带来了大量的信息数据资料，而大量复杂的数据也给企业管理带来了难题和挑战，同时形式多样的数据难以提供直观的决策支持。因此，企业必须改变以往那种仅以一些简单的数据分析作为决策依据，以及片面分析的思路和方式，而应该注意对数据进行结构化处理，在数据分析过程中建立合理的模型，对数据包含的信息进行深度挖掘，确保数据信息的准确性和有效性，并通过横纵双向的对比，保证企业管理者决策的全面性、正确性和合理性，降低决策风险。

（三）建立高效的企业信息网络

在信息时代，企业不再以产品为核心，只注重产品、营销和成本信息的管理，而是将企业服务和服务质量作为重点。一方面，构建一个企业数据信息网络，将企业的产品、成员和服务等各方面的数据信息纳入其中，并进行加工处理，以便更好地进行企业内部管理；另一方面，将企业生产经营的上下游节点企业、合作伙伴、客户等成员的数据信息录入企业信息数据库，然后对企业内外部的数据信息进行相关性分析和研究，形成一个完整的、带有自身特色的企业信息网络，为企业在信息时代的发展和管理创新提供强大的信息支撑。

（四）大力培养数据信息管理人才

在信息时代，企业需要加强数据处理和信息管理工作。相应地，企业也就需要更加专业的数据信息管理人才，这是使企业数据信息管理能够充分发挥作用的重要基础，也是企业管理模式进行创新和升级的人力支撑。优秀的数据信息管理人才能够有效地进行数据信息开发，并充分利用企业搜集的各项数据信息，保证企业和社会的良性互动，充分发挥其作用。因此，企业必须加大对专业人才培养的力度。

企业的数据信息管理人员需要具备信息技术和营销知识，以及较强的数据信息处理能力。要想加强这方面人才的培养，一方面，企业可以通过招聘选拔具有专业知识和实践经验的人才；另一方面，企业要对现有的数据信息管理人员进行定期的专业培训，掌握最新的数据处理和分析技术，以提高企业的数据管理水平，也可以建立一个专门的数据部门，更好地提升企业员工的数据信息管理意识和水平。

第四章　信息时代企业战略管理

第一节　企业战略管理理论综述

战略的思想古已有之，最早见于我国古代著名军事家孙武（约前545年—约前470年）所著的《孙子兵法》一书中。美国的约翰·柯林斯（John Collins）在《大战略》中指出："孙子是古代第一个形成战略思想的伟大人物。"从军事方面来看，《孙子兵法》已形成了系统和完整的战略思想体系。1938年，美国学者切斯特·巴纳德在《经理人员的职能》一书中，第一次将战略的观念引入企业管理领域当中，首开战略研究的先河。他认为，把战略因素局限于管理活动和交易活动的某些方面是没有必要的，在任何需要做出决策的情况下，企业组织应该遵循的原则是相同的，都必须考虑到战略因素。

从此以后，有关企业战略管理的研究迅速发展起来，在半个多世纪的时间里，形成了众多流派，大有成为丛林之势。当代著名管理学家亨利·明茨伯格（Henry Mintzberg）将其企业战略管理的理论分成了十个流派：设计学派、计划学派、定位学派、企业家学派、认识学派、学习学派、权力学派、文化学派、环境学派和结构学派。本节将从战略的概念、战略的形成与制定、竞争优势的来源与获取、战略与结构的关系、对企业性质的认识等几个方面来总结企业战略管理不同学派的观点。

一、什么是战略

（一）军事学家眼中的战略

"战略"原为一个军事术语，其意义历来为中外军事学家所重视。西方著名军事家博弗尔认为，战略是一种思想方法，也是一种行动；我国台湾著名的军事研究者钮先钟认为，战略的本质即为行动的指导，一切战略理论，就概括的意义而言，也都是行动学。从较广泛的意识来说，计划即为战略。毛泽东认为，战略问题是研究战争全局的规律性的东西。

（二）管理学家眼中的战略

设计学派的代表人物之一阿尔弗雷德·钱德勒（Alfred Chandler）最早提出了"企业战略"的概念。他认为，企业战略是确定企业的长期基本目标与目的，选择达到这些目标所遵循的原则，并为实现这些目标而对企业重要资源进行的管理。这一定义虽然侧重于企业成长方法和资源管理，但为企业战略研究指明了方向。并且，在他看来，战略管理就是决定企业基本的长期目标与任务，制定行动方案，配置必要的资源以实现这些目标。

计划学派的伊戈尔·安索夫（Igor Ansof）在《公司战略》一书中提出，企业战略是一条贯穿于企业经营与产品和市场之间的"连线"。他的"战略四要素说"认为，战略包括产品市场范围、增长向量、竞争优势、协同效应四个方面。其中，产品市场范围指公司经营的产品和市场的范围；增长向量指企业打算进入的产品市场的变化；竞争优势，即在该范围内企业较之竞争者所具有的有利的竞争地位和特长；协同效应，即将企业的不同部分有机结合起来以取得单个部分不能实现的结果的方法。在此基础上，伊戈尔·安索夫于1976年在《从战略规划到战略管理》一书中，提出了"战略管理"的概念。他认为，战略管理是企业高层管理者为保证企业的持续生存和发展，通过对企业外部环境与内部条件的分析，对企业全部经营活动所进行的根本性和长远性的规划与指导，其核心目标是建立企业的战略竞争力。

设计学派的肯尼思·安德鲁斯（Kenneth Andrews）认为，战略是关于企业宗旨、目的和目标的一种模式，以及为达到这些目标所制定的主要政策；通过这样的方式，战略界定了企业目前从事什么业务和将要从事什么业务，企业目前是一种什么类型和将要成为什么类型。

定位学派的代表人物、美国哈佛大学商学院的迈克尔·波特（Michael Porter）认为，竞争战略是公司为之奋斗的一些终点（目标）与公司为达到它们而寻求的途径（政策）的结合物；战略的本质是定位，即制造竞争中的取舍效应，选择何者可为以及何者不可为。

企业家学派则认为，战略是一种远见，即一种与形象和方向感相关的看法。这种远见产生于领导者的头脑之中，是其个人构思的产物。

明茨伯格将战略定义为"5P"：战略是一种计划（plan），具有超前性和动态性，它立足于当前，着眼于未来，谋求组织长期的生存与发展；战略是一种计谋或策略（ploy），在特定场合，可以作为威胁和战胜竞争对手的一种具体的计策；战略是一种模式或方式（pattern），不仅体现为一系列的计划，还体现为一系列的行为；战略是一种定位（position），确定自己在市场上的位置；战略是一种观念或想法（perspective），体现组织中人们对客观世界固有的认识方式，是组织文化（包括组织的理想、经营理念、推动力等）的反映。总的来看，明茨伯格的定义较为全面地反映了企业战略的本质及特点，因而最具代表性。

二、关于战略的形成与制定

战略的形成与制定是各个学派共同关注的重要内容之一，而对该问题的回答，各学派观点不一。例如，企业家学派认为战略是一种远见，是企业领导者个人构思的产物，战略制定的主要任务就是积极寻找新的机遇；认识学派的观点认为，战略的形成是发生在战略家心里的一个认识的基本过程，尤其是作为一个概念的形成过程；权力学派则把战略形成过程看成是一个明显受到权力影响的讨价还价和折中妥协的过程，这个过程既发生在组织内部相互冲突的个人之间、集团之间，又发生在本组织与相互冲突的其他组织之间。这几个学派的一个共同之处就是他们均认为战略是组织成员活动的结果，即战略形成的主动性在组织内部。与此相反，环境学派则认为，战略形成的主动性在组织外部，在他们看来，战略的形成是组织对环境反应的结果。下面重点对设计学派、计划学派、定位学派、学习学派和结构学派的观点进行介绍。

（一）设计学派

设计学派的代表人物有钱德勒、安德鲁斯、鲁梅尔特、塞兹尼克。设计学派的观点始出于塞兹尼克（Selanick），发展于钱德勒（Chandler），后由安德鲁斯做出了精确的界定。该学派把战略的形成过程看成是一个有意识的、深思熟虑的过程，认为战略是组织内部条件因素与外部环境进行匹配的结果；并把企业的首席执行官看成是战略家。

那么，究竟应该如何制定战略呢？首先，进行组织环境评估，包括外部和内部环境。对此，安德鲁斯提出了著名的SWOT分析法。对外部环境，可以从技术、经济、社会、政治等方面分析企业面临的机会（opportunity）和威胁（threat），进而总结出组织成功的关键因素；对内部环境，主要是从企业目前状况出发，分析企业的优势（strength）和弱势（weakness）所在，以找出组织的特色竞争力是什么。其次，在找出组织的特色竞争力及成功的关键因素的基础上，制定组织的备选战略。在制定备选战略时，要注意另外两个重要因素：一是管理价值，即企业正式领导者的信仰、偏好；二是社会责任，尤其是企业在其中发挥作用的社会道德。最后，根据四个条件来评估备选战略，选择最适合的战略。这四个条件如下：第一是一致性，即该战略提出的目标、策略相互一致；第二是协调性，该战略能够对组织内外环境的变化做出适当反应；第三是优势，该战略有助于在企业选择的活动领域内建立或保持竞争优势；第四是可行性，执行该战略时，既不能造成可用资源的紧张，又不能带来难以解决的新问题。

（二）计划学派

计划学派的代表人物有安索夫、施泰纳、皮埃尔·瓦克、坎贝尔等。该学派认为，战略的形成是一个正式的进程，必须经过"规划"才能制定出最佳战略。他们提出的规划步骤如下：确定目标、外部环境审查、内部情况审查、战略评价、战略运用。

20世纪70年代是该学派发展的鼎盛时期，但到了20世纪80年代以后，人们对其重视程度开始下降，其中一个突出的表现是，美国通用电气公司取消了战略规划。不仅如此，很多学者还提出了战略规划的一些弊端，其中比较突出的有以下两点。

第一，战略规划中的重要一步是进行外部审查，而外部审查中的主要一项是计划人员对未来情况的预测。预测领域内的著名专家斯皮诺·马克里达基斯认为，对于像技术突破和价格上涨这些不连续事件的预测，实际上是不可能的。因此，依赖于外部审查的战略规划在遇到这些不连续事件时就失灵了。

第二，把战略程式化是战略规划的又一弊端。因为组织环境是动态变化的，所以有效的战略应该是随机应变的，而不是一个呆板的计划。

（三）定位学派

20世纪60年代，梅森和贝恩在市场结构不完全性的假设基础上，提出了产业组织理论的市场结构—企业行为—市场效率（SCP）分析范式。迈克尔·波特进一步将 SCP 范式的分析延伸到了不同市场结构下，研究企业可以采取哪些具体的战略，这些企业行为将如何影响企业绩效等，从而将 SCP 范式的分析方法应用到了企业战略管理的研究当中，并建立了自己独特的分析方法，成为定位学派的典型代表人物。同时，迈克尔·波特的战略理论也成为 20 世纪 80 年代战略管理理论的主流。

在他看来，制定竞争战略的重点在于进行恰当的行业定位，而行业定位的关键在于对企业所处环境的分析，其中对行业结构的分析是关键中的关键，用迈克尔·波特的话说就是"行业结构分析是制定竞争战略的根本基础"。

（四）学习学派

由于战略是面向未来的，这必然要求组织在制定战略时，对组织未来的环境进行预测，而现实的环境是如此复杂，对其进行准确预测非常困难。因此，学习学派认为，战略的制定很难像设计学派那样精心设计，更难像计划学派那样将其变成一个独立和程式化的过程；相反，战略的形成是组织难以控制的，有时甚至是组织在不经意间形成的。

该学派的奠基人之一奎因（Quinn）于 1980 年提出了"逻辑渐近主义"理论，认为战略不仅是一个逐渐形成的过程，还具有潜在的逻辑性，正是这种潜在的逻辑将战略的各个部分组合在一起。在"逻辑性"这点上，奎因的理论恰与查尔斯·林德布罗姆（Charles Lindblom）的"无序渐近主义"理论形成对比。

（五）结构学派

结构学派的代表人物有明茨伯格、米勒等。该学派有关战略形成及制定的主要观点如下。

结构是指组织及其周围环境的状态，一般情况下，组织都可被描述为某种稳定的结构。在某个特定时期内，组织特殊的结构形式与特殊的内容相匹配，这样组织便可建立起某种特殊行为，从而形成一套特殊的战略。

三、战略与结构的关系

关于战略与结构的关系问题，无非是谁先谁后的问题。这个问题看似简单，但不同学者的答案却截然不同。

钱德勒在 1962 年出版的《战略与结构——美国工业企业历史的篇章》一书中，通过对美国通用汽车公司、杜邦公司、西尔斯·罗巴克公司、新泽西标准石油公司等大企业经营历史的研究，首先提出了这一问题的答案，即结构跟随战略。

在钱德勒之后，研究战略与结构关系的学者不断增加。布劳尔在 1970 年出版的《资源配置过程管理》一书中指出，特定的组织结构形式不仅提供了当前业务运作的框架，同时还规定了将来战略信息所传递的渠道，并对经营领域调整以及资本调拨等决策产生了潜在的重要影响。霍尔和赛尔斯的观点则更加明了，认为战略追随结构，并于 1980 发表了《战略追随结构》一文；他们指出，结构不仅影响组织对其环境和自身能力的认知，还决定了组织将采取的反应方式。

定位学派继承了设计学派"结构跟随战略"的观点，但同时又有所发展，即认为战略由产业结构所决定，用图式表示就是产业结构→战略→组织结构。

明茨伯格等则综合了以上两种截然相反的观点，认为结构与战略的关系就像走路时的左脚和右脚一样，是相互领先而又相互跟随的，两者相互支持，共同支撑组织；只有当组织跃变到一个新的高度时，二者才是齐头并进的。

笔者认为，明茨伯格之前的学者对于战略与结构关系的认识过于片面；明茨伯格的观点虽然克服了片面的缺陷，但对战略与结构之间的互动性认识不足。战略与结构的关系应该是辩证的：一定的战略要求一定的组织结构与之相适应，战略变化了，结构也应进行必要的调整；但是，结构也并非总是被动的，它对战略具有反作用，适合的结构有利于战略的实施，不适合的结构则会产生阻碍作用。这就好比生产力与生产关系的关系一样。

四、企业战略管理综述

（一）企业战略管理的性质

战略管理是整合性管理理论，是企业最高层次的管理理论。它不是从企业局部的角度来讨论管理问题的，与职能管理有着本质的区别。因为在实际的管理活动中企业是不能分割的，它是由执行不同功能的部分所组成的一个统一体，在社会进步和经济发展中作为一个整体发挥作用。要将企业的各个职能部分协调一致、有机地结合起来运作，就需要企业战略管理理论发挥作用。企业战略管理理论从企业整体的、全局的角度出发，综合运用职能管理理论，处理涉及企业整体的和全面的管理问题，使企业的管理工作达到整体最优的水平。

战略管理是企业高层管理人员最重要的活动和技能。低层管理者所需要的能力主要是技术能力和人际能力；中层管理者的管理要依赖于人际管理能力和思维能力；而高层管理者最需要的能力是思维能力或战略能力，这是保证他们工作有效的最重要的因素。因此对于企业高层管理者来说，最重要的活动是制定战略和推进战略管理，以保证企业整体的有效性。

战略管理的目的是增强企业对外部环境的适应性，使企业做到可持续发展。企业组织是社会这个大系统中的一个不可分割的和具有开放性的组成部分，它的存在和发展在很大程度上受其外部环境因素的影响。企业的外部环境既复杂多样，又动荡多变，时刻发生着变化。如何在这种复杂多变的外部环境中生存并持续地发展下去是战略管理的任务和目的。战略管理促使企业高层管理人员不管在制定、实施企业战略的哪个阶段，都要清楚地了解有哪些外部因素影响企业，影响的方向、性质和程度如何，以便制定新的战略或及时调整企业现行的战略以适应外部环境的变化，做到以变应变，不断提高企业的适应能力。

战略管理不仅涉及战略的制定和规划，还包含着战略的管理；同时，战略管理不是静态的、一次性的管理，而是一种循环的、往复性的动态管理过程。它需要根据外部环境的变化、企业内部条件的改变以及战略执行结果的反馈信息等，重复进行新一轮战略管理的过程，是不间断的管理。

（二）企业战略管理的定义

企业战略管理是指企业根据外部环境和内部条件设定企业的战略目标，为保证目标的实现，并依靠企业内部能力付诸实施，以及在实施过程中对战略进行控制的一个动态管理过程。

（三）企业战略管理的层次

一般说来，一个企业的战略可划分为三个战略层次，即公司战略、经营（事业部）战略和职能战略。

1. 公司战略

公司战略是企业总体的、最高层次的战略。公司战略的侧重点有两个方面：一是从公司全局出发，根据外部环境的变化及企业的内部条件，选择企业所从事的经营范围和领域；二是在确定所从事的业务后，要在各事业部门之间进行资源分配，以达到公司整体的战略意图。这也是公司战略实施的关键内容。

2. 经营（事业部）战略

经营（事业部）战略有时也称为竞争战略，它处于战略结构中的第二层次。这种战略所涉及的决策问题是在选定的业务范围内或在选定的市场一产品区域内，事业部门应在什么样的基础上进行竞争，以获得超过竞争对手的竞争优势。因此，事业部门的管理者需要努力鉴别最有盈利性和最有发展前途的市场，发挥其竞争优势。

3. 职能战略

职能战略是在职能部门中，如生产、市场营销、财会、研究与开发、人事等，由职能管理人员制定的短期目标和规划，其目的是实现公司和事业部门的战略计划。职能战略通常包括市场策略、生产策略、研究与开发策略、财务策略、人事资源策略等职能策略。如果说公司战略和经营（事业部）战略强调"做正确的事情"的话，那么职能战略强调的则是"将事情做好"。它直接处理生产及市场营销系统的效率、顾客服务的质量及程度、如何提高特定产品或服务的市场占有率等问题。

公司战略、经营（事业部）战略以及职能战略构成了一个企业的战略层次，它们之间相互作用，紧密联系。如果企业整体想要获得成功，必须将三者有机地结合起来。

（四）企业战略管理的过程

1. 战略分析

战略分析是整个战略管理的起点，对企业制定何种战略具有至关重要的作用。它主要包括企业外部环境的分析以及企业内部环境的分析。外部环境的分析着眼于企业所处的宏观环境、行业环境和经营环境，内部环境的分析着眼于企业资源、能力和市场竞争力。

2. 战略制定

企业可以从实现企业整体目标、发挥中下层管理人员的积极性以及协调企业各部门的战略方案等多个角度考虑，来制定适合企业自身发展的战略。

3. 战略实施

企业要根据自身的特点以及所处的环境，选择适合自己的战略。企业要构建良好的组织结构，完善企业采购系统、生产或运营系统、研究与开发系统以及人力资源系统。另外，最重要的是企业管理层需要很好地发挥作用，使企业各部门之间有良好的沟通。只有这样，企业战略才能够成为企业各级人员的共同目标，发挥团队优势。管理层还应采用合理的方法对战略的实施效果进行评估，并实时地对战略进行完善，采取适当的奖惩措施，促进战略在各部门之间良好地实施。

（五）企业战略管理的作用

战略管理作为当代企业管理最重要的特征，其思想方法已得到广泛运用。竞争越是激烈的行业，运用战略管理的企业就越多；企业规模越大，就越重视战略管理。当企业面临外部环境急速变化和重大转折的时候，企业就非常有可能从战略角度重组。在企业的经营过程中，战略管理发挥着极其重要的作用。

第一，战略管理可以促使企业管理阶层不断检查与评估目前战略的价值与合理性。当原有战略不再合理时，企业可以及时调整或重新制定战略以适应环境，使企业得以继续发展。

第二，战略管理可以促使企业将内部资源条件与外部环境因素结合起来考虑，对影响企业经营的各种重要因素变化保持高度的警惕。

第三，战略管理可以促使企业时刻关注企业的未来，不断审视当前决策对企业未来运做所产生的影响，保证企业的长期利益。

第四，战略管理可以促使企业努力寻求最具潜力的领域，通过多种方案的比较来作出最具价值的选择。

第五，战略管理可以促使企业对资源进行合理配置，通过资源结构的优化，使资源效能得到最大限度的利用和发挥。在必要时，企业可以引进新资源，推进企业整体规模的扩大和效益的提高。

第六，战略管理可以促使企业改进决策方法，优化组织结构，把日常管理建立在系统与有序的基础上，增强企业的协调沟通与控制职能，不断提高管理的效率和水平。

第七，战略管理可以促使企业增强凝聚力。通过让员工参与战略制定、决策和实施过程，减少改革的阻力，最大限度地激发员工的激情和潜力，从而确保战略目标的最终实现。

五、企业战略管理理论的演变与新趋势

企业战略管理理论研究的发展经历了一个层层深化的过程，存在奠基、鼎盛、反思、重振等几个阶段，这些阶段共同构成了战略管理理论丰富多彩的研究领域。20世纪90年代以后，不少通过多元化经营形成的大企业开始出现问题，多元化的热潮也开始消退。随着经济全球化进程的加速，企业经营环境的不确定性日益增大，产业边界日益模糊，产业结构的稳定性日益下降，企业的竞争优势越来越难以持续。信息时代的到来更是加剧了这一趋势。在急剧变化的环境中，许多战略管理学家开始思考企业如何赢得长久的竞争优势。这促使了战略管理理论的新发展。

（一）企业战略管理理论的演变历程

企业战略管理理论的研究始于20世纪50年代中期，中间经历了繁荣、衰落和重振的阶段，逐渐成为企业管理学中的重要名词和重要的研究方向。20世纪初，企业管理的重点是偏差控制与复杂管理，管理的形式是预算控制；20世纪50年代，管理的重点是预测与复杂性管理，管理的形式是长期计划；在20世纪60年代，管理的重点是战略推进与能力变革，管理的形式是战略计划；从20世纪70年代中期起，管理的重点转向战略的突变与适时反应，管理的形式也转向了战略管理。

西方学者对于战略管理的研究始于20世纪50年代中期，代表作是美国彼得·德鲁克的《管理实践》。该书对战术性决策和战略性决策做了区分，书中将战略性的决策定义为"为企业目标及其实现方法所进行的所有的决策"。

20世纪60年代，企业面临的经营环境比较简单，竞争不激烈，经济处于自然增长阶段，因此企业的经营活动主要集中在提高生产效率，而不重视

企业发展的战略性问题。但一些管理学专家已经开始了企业战略管理的研究，其研究主要集中在三个方面：第一，认为战略、环境、组织之间必须相互适应才能促进企业的发展，即研究战略与环境的关系；第二，将战略内容区分为制定与实施两大部分，并提出 SWOT 分析法，认为战略应自上而下由高层领导构思设计推行，即战略研究的设计制定过程；第三，把战略区分为公司级战略和经营级战略，即研究战略的实施过程。

20 世纪 70 年代，企业经营环境剧烈动荡，对企业长期目标的管理成为重点，因此形成了战略管理的热潮。此时的著作所关注的主要问题是企业所处的行业环境。与 20 世纪 80 年代的著作相比，它们更多地假设企业处在竞争性的环境中，并以此为基础来考虑企业战略。但在 20 世纪 70 年代的战略热中，企业尚未准确领会战略的深刻内涵，片面地注重财务方面的战略改进，而不是从环境与企业的相互作用中去发掘新的战略机会。由于缺少远见卓识和运筹全局的能力，一些企业错失了许多有利的商业机遇。但这个时代的企业战略管理研究视野更加开阔，方法更加多样，致力于企业战略管理研究的学者与日俱增。这时的企业不仅重视计划制订，还注重计划制订、实施和控制整个过程的管理。

进入 20 世纪 80 年代，美国管理界掀起了"管理软化"的热潮，企业纷纷重视起企业文化、管理作风等软性因素的作用，而把战略、制度、组织等硬性因素的重要性抛在一边。以美国为中心的西方管理理论异常活跃，涌现了"经验学派""社会学派""系统学派""经理角色学派"等诸多学派。这一时期战略管理研究者在行业竞争状况和企业竞争分析方面获得了许多突出的成就，并对企业战略的执行问题有了新的看法。

进入 20 世纪 90 年代，随着企业规模的日益壮大，管理层次越来越多，管理幅度越来越大，大企业管理的有效性和效率问题变得非常重要。企业能否灵活有效地综合利用内部资源以适应外部环境的变化成为决定企业成败的关键因素。该时期的主要著作涵盖了对灵活性、全球联盟与全球网络、技术、技能和学习的研究。耐尔森与温特的《经济变革的进化理论》和派尔与赛伯的《第二次工业划分》最先提出了这些观点。该时期企业战略研究的重点是如何应变以及如何在复杂多变的环境中制定和实施企业经营战略，从而使企业在复杂的环境中不迷失方向并健康发展。特别是在出现战略脱节的情况下，战略思维和战略管理就显得尤为重要。

（二）现代战略管理的特点和发展趋势

1. 制定企业战略的竞争空间在扩展

企业必须从全球的角度、跨行业的角度在无边界的范围内考虑配置自身的资源，以获得最佳的管理整合效果。

2. 企业战略具有高度的弹性

战略弹性是基于企业自身的知识系统对不断变化的不确定情况的应变能力，员工的知识结构及其组合的方式和机制是战略弹性的核心部分。因其具有难以模仿性，战略一旦制定，就确立了企业的战略优势。

3. 不过多考虑战略目标是否与企业资源相匹配

企业不能简单地平均分配资源，而是要创造性地通过各种途径来整合资源，通过与知识的组合来克服资源的限制，从而为客户创造更多价值。

4. 商业生态系统成为参与竞争的主要形式

未来的竞争是不同于商业群落之间的竞争。对于一个单独的企业个体来讲，竞争更体现在加入或营造有影响力的、能为自己带来实际价值的企业生态系统，以在竞争与合作的和谐环境中，获得一个更为有利的地位。

5. 制定战略的主体趋于多元化

信息传播方式的网络化决定了每一个个体在整个网络系统中都是信息传播的一个节点，高层主管不再居于信息传播的中心，普通员工可以有更多的机会参与企业的战略制定，他们具有决策参与者和决策执行者双重身份的特征。

6. 从基于产品或服务的竞争演变为标准与规则的竞争

企业会有意识地制造变革，与行业中具有重要影响的对手或企业联盟共同合作，创造和制定指导行业的技术标准或者是竞争规则。

7. 战略理论研究的视角趋于多元化

由于战略管理中的复杂性，人们开始从不同学科、不同视角去研究战略管理理论。但从研究方法的角度来看，系统思考是应对复杂性和变化的最有效的手段。

第二节　信息时代企业战略思维

信息发展对企业经营管理的各方面都产生了深刻影响。管理学界对信息的影响已有敏锐的洞察，学者们开始重视并试图分析其对商务管理各方面的潜在影响。但通过梳理已有文献，笔者发现，学者们对信息影响的讨论与分析主要聚焦于营销管理领域。例如，美国零售业巨头西尔斯公司通过群集收集来自不同品牌的数据，对此进行深度分析，结果让公司的推销方案变得更快捷、更精准。学者对信息的分析之所以聚焦于营销管理领域，是因为信息主要产生于消费者的访问、交易与评价记录。国际商业机器有限公司（IBM）中国开发中心首席技术官（CTO）毛新生指出，信息不再是商业活动的附属品，信息对企业而言，如同石油一样重要，收集、整合、分析、利用、校准信息，每一个环节都体现了全新的商业能力。企业高管应重视信息的价值，并将其视为一种竞争要素和战略资源。

一、传统战略思维回顾

战略思维是指企业高层管理者摆脱日常管理事务获得对组织不同愿景规划以及环境变化的认识。战略思维的本质是企业决策者关于企业战略的决策思维，关系到企业战略决策的成败。战略思维的形成始于战略决策者对企业及其所处的客观环境的认知。

企业战略思维形成的认知要素在不同发展阶段具有不同的侧重点。20世纪60年代，研究的重点是企业外部市场机遇及企业内部能力；20世纪70年代，研究的重点是企业外部环境的不确定性；20世纪80年代，研究的重点是企业利益相关者，企业所处行业的五种竞争力量，以及顾客、企业、竞争对手；20世纪90年代，研究的重点是企业核心竞争力。根据不同年代战略思维认知要素所包含的维度的不同，可以把战略思维模式分为以下几种：一元战略思维（20世纪70年代的"环境"战略思维、20世纪90年代的"核心竞争力"思维）、二元战略思维（20世纪六七十年代的经典SWOT思维）、三元战略思维（20世纪80年代的"顾客—企业—竞争对手"思维）、五元战略思维（20世纪80年代的"五力模型"思维）和N元战略思维（20世纪80年代的利益相关者思维）等。

已有文献基于对战略思维认知要素的分析，区分了战略管理理论兴起后的战略思维模式。战略管理的本质实际上是要重点思考三个问题：企业在哪里？企业将要去哪里？企业何时竞争？即企业如何利用自身有效的资源或资产，在充满竞争的环境下，满足顾客的需求，从而实现价值的创造。这里从资源、竞争、顾客三方面出发，考察信息对"以资源为本""以竞争为本"和"以顾客为本"三种战略思维的影响及其表现出来的主要特征。三种战略思维的内涵与特征如表4-1所示。

表4-1　以资源、竞争、顾客为本的战略思维模式及特征

	以资源为本的战略思维	以竞争为本的战略思维	以顾客为本的战略思维
战略思维方向	由内而外	行业内的竞争	由外而内
战略重点	企业的独特资源	竞争对手	顾客及顾客需求
战略目的	充分利用企业的独特资源	比竞争对手做得更好或打败竞争对手	维系顾客或比竞争对手更好地满足顾客
评价指标	企业资产	行业吸引力	顾客价值

二、信息对传统战略思维的影响

（一）对"以资源为本"战略思维的影响

在信息时代背景下，信息无疑是现代企业重要的战略资源。如果企业基于现代信息技术，掌握各利益相关者特别是顾客的数据，将有助于其竞争优势的获取与维持。以北京小米科技有限责任公司（简称"小米公司"）为例，这个成立于2010年4月的移动互联网公司，秉承"为发烧而生"的经营理念，在2014年10月便成为仅次于三星公司和苹果公司的全球第三大智能手机制造商。在我国市场，小米已经超过三星，成为智能手机领导者。小米公司的成功在很大程度上可以归结于其"为发烧而生"的理念。该理念的内涵是小米公司基于"发烧友"（忠实顾客）设计手机，并以低价向他们出售手机。小米公司的创新体现在MIUI智能手机系统上，而该系统的先进性或优势来源于广大的用户。截至2014年7月1日，小米手机已拥有高达7 000万人的MIUI用户群。小米公司每周都会推出MIUI的新版本，进行渐进式系统升级，而系统升级的想法则来于"号召上百万人提意见"。

掌握庞大的顾客信息数据，通过创建网络社区等方式与顾客实时互动，收集顾客想法、意见并给予及时回应（每周发布一个新版本的MIUI系统），

不断地满足顾客的不同需求，是小米公司高速成长的主要因素。可见，拥有和利用信息能够让现代企业获得竞争优势并快速成长。获取信息和利用信息创造价值成为新经济环境下"以资源为本"战略思维需要升级的内容。

在信息时代背景下，企业与外界环境之间的边界日益模糊，信息共享和知识溢出成为企业与利益相关者之间合作竞争与协同演化的主要方式。在这样的竞争背景下，信息和知识成为企业管理中的重要生产要素，也成为决定企业创新力的关键。基于信息平台与外界建立社会网络，从外界获取有价值的信息，是企业获得竞争优势的关键。因此，重视信息这种战略资源，积极获取、利用这种战略资源以获得竞争优势，是"以资源为本"战略思维需要拓展的重心。

（二）对"以竞争为本"战略思维的影响

随着信息时代的到来，产业融合与细分协同演化的趋势日益呈现。一方面，传统上认为，不相干的行业之间通过信息技术有了内在关联。例如，阿里巴巴集团控股有限公司（简称"阿里巴巴"）已涉足金融、物流、云计算等行业，传统的零售企业开始从事电子商务。信息平台的构建以及对信息的挖掘和应用促进了行业间的融合。另一方面，在信息时代，企业与外界之间的交互变得更加密切和频繁，企业竞争变得异常激烈，广泛而清晰地对信息进行挖掘和细分，发现企业在垂直业务领域的机遇，已经成为企业脱颖而出、形成竞争优势的重要方式。在信息时代，产业环境发生了深刻的变革，改变了企业对外部资源需求的内容和方式，同时也变革了价值创造、价值传递的方式和路径。因此，企业需要对行业结构，即潜在竞争者、供应商、替代品、顾客、行业内部竞争等力量，进行重新审视，进而制定适应信息时代的竞争战略。

（三）对"以顾客为本"战略思维的影响

在信息时代，以顾客为本的战略思维也需要有新的变革。围绕顾客需求和企业的产品价值链，信息时代的一个突出特点是具有很强的"社会互动"。从新产品开发、测试到新产品的投放，社会互动都扮演着日益重要的角色。例如，在新产品开发阶段，小米公司的 MIUI 系统开发同上千万 MIUI 用户的互动是产品创新的智慧来源。再如，美国某 T 恤衫销售公司中的每个员工都可以向其公司网站上传自己的设计，然后由网络用户对产品设计进行投票，公司最后决定销售投票率最高的 T 恤衫。英国的一家家具企业则通过其网站来获取消费者对每种新产品的看法，经过投票产生前 5 名新产品，然后才向市场正式推出新产品。在营销层面，当今的电商平台，无论是国外的亚马逊，还是国内的淘宝、京东，都对网络口碑高度重视。网络口碑的实质就是顾客之间对产品看法和意见的互动，后续消费者会根据已有的口碑进行消费决策，互动口碑已经成为产品营销的战略举措。

关于信息时代顾客价值创造方式的分析的一个共同特点是，价值创造的主体变得模糊，社会互动日益突出。传统以顾客为本的战略思维强调的是企业需要洞察市场、洞察顾客需求，进而设计新产品或改进已有产品，满足顾客需求并创造价值。由于信息技术的发展，社会互动能够被观察和有效控制。因此，信息对以顾客为本战略思维的影响主要表现在重视企业和利益相关者的社会互动。例如，同供应商互动设计更好的零部件，同顾客互动设计新产品、测试新产品、推销新产品。企业与利益相关者的互动会以更高的性价比创造价值，满足顾客需求，从而获得竞争优势。

三、信息时代战略思维的主要特征

在互联网时代，人们经常讨论怎样用互联网的方式进行思维，以及如何持有互联网的思想、互联网的思考方式。在信息时代，人们就应该有信息的思维方式。参考美国西北大学凯洛格商学院陈宇新教授的论述，信息时代的信息战略思维特征主要表现为定量、跨界、执行和怀疑。

（一）定量思维特征

定量思维是指一切都可测量。虽然现实经营管理的情况不是都可以测量的，但是企业决策者要持有这样的理念。例如，现在很多餐饮连锁企业都有消费会员卡，但是一般只记录顾客的消费金额，关于顾客的消费内容则并没有记录。如果有了这样的记录，当每个顾客来消费时，不仅可以判断他的消费水平，还能分析判断他的消费偏好。管理者如果具备定量思维，秉承一切都可测的思想，记录有用的顾客信息，将会对企业的经营和战略决策产生积极作用。

在进行企业重要决策时，引领企业实现信息转型的企业决策者应该养成看"数据怎么说"的思维习惯。参考数据分析结果进行管理决策，既能有效避免仅凭直觉判断的不足和风险，又能改变企业内部的决策文化，将企业经营模式从依靠"劳动生产率"转移到依靠"知识生产率"上来。

（二）跨界思维特征

跨界思维是指一切都有关联。企业经营的各方面之间都有相关性，企业领导者应该发挥想象力，将看似不相干的事物联系起来。例如，移动终端和 PC 终端的跨界，微信、社交网络跟电子商务的跨界。通过跨界能够开创新的商业模式，构建新的价值链。如果说通过信息挖掘消费者需求考验的是企业的洞察力，那么高效地满足客户需求考验的则是企业内在的整合与优化能力。

企业要想获得价值最大化，就要善于利用信息提升价值链的效率，对其商业模式、业务流程、组织架构、生产体系等进行跨界整合，以进一步提升为客户服务的效率和企业竞争力。基于信息的思维不仅可以提升企业的内在效率，还能帮助企业重新思考商业社会的需求，从而推动自身业务的转型，重构新的价值链。阿里巴巴就是充分利用信息，成功地由一家电子商务公司转型为金融公司、数据服务公司和平台企业的，它的转型给金融、物流、电子商务、制造、零售行业带来了深刻影响。

（三）执行思维特征

执行思维是指一切都可利用。执行思维强调充分地发掘、利用信息。企业收集了大量的数据，但存放着不利用属于资源浪费。企业应该注重实效，将数据蕴含的市场信息发掘出来，并执行下去，及时对市场和利益相关者做出反应。

在信息时代，取得成功的企业并不是简单地拥有信息，而是通过对信息的分析，发现市场机会，从而开发新的市场。企业依托信息分析可以获得创意，为市场提供相当独特的产品和服务，通过高效的组织运作与执行，最终赢得顾客、赢得市场。

（四）怀疑思维特征

怀疑思维是指一切都可试验。企业获取了信息，进行分析之后，有时会导致决策产生更大的偏差。他们认为，数据反映的就是实际情况，从而忽略了深入的思考。

实际上，有的时候数据会产生误导，所以不能对数据有盲从的思想，要有怀疑试验的思想，要思考获得的信息是否全面，来源是否精准，不能盲目认为只要拥有数据，就能够进行精准的决策。

基于以上分析，参照麻省理工学院安德鲁·麦卡菲教授提出的"企业2.0"提法，信息时代应发展信息战略思维，同时应该将传统的战略思维升级到2.0版本，体现信息时代的战略思维特征。对信息时代的企业战略思维的总结如表4-2所示。

表4-2 信息时代的企业思维

		理 念	手 段	目 的
企业战略思维2.0	以资源为本战略思维2.0版	信息是核心战略资源	基于信息挖掘，获得关于市场和竞争的独特认知	基于信息的独特认知获取竞争优势
	以竞争为本战略思维2.0版	信息改变了行业结构特征	依托信息重新审视5种力量	制定适应信息时代的竞争战略
	以顾客为本战略思维2.0版	社会互动改变价值创造模式	依托信息技术测量、控制社会互动	基于社会互动创造独特顾客
信息战略思维	定量思维	一切都可测量	记录有用的市场信息	敏锐地洞察市场变化
	跨界思维	一切都有关联	将看似不相干的事物联系起来	开拓新的商业模式
	执行思维	一切都可利用	充分发掘、利用好信息	基于信息的独特，实时对市场和利益相关者做出反应
	怀疑思维	一切都可试验	基于多渠道的信息，检测信息的可靠性	提升基于信息决策的正确性

在信息时代，消费者的决策方式、购买行为等发生了显著变化。为此，企业经营管理过程中的战略思维应该进行变革。一方面，企业要对传统的以资源、竞争和顾客为本的战略思维进行升级拓展；另一方面，企业要发展形成全新的大数据思维。

企业的战略思维涉及企业管理的最高层次，关乎企业的生存与发展前景。当代企业决策者要想获得商业成功，筑百年基业，就要具备信息时代的战略思维。许多成功企业的经验证明，只有企业领导层具有信息时代的战略思维，才能引领企业开创新的商业模式、新的价值创造方式，更好地为顾客、为社会创造价值，最终成就企业的爆发式增长。因此，升级传统战略思维，形成信息战略思维，开展体现信息时代思维特征的战略管理，是企业可持续发展的重要条件。

四、信息时代企业战略管理创新的途径

在新时期，从战略角度有效应对信息带来的机遇和挑战，企业应该做到以下几点。

（一）树立信息意识，建立有效的信息平台

现代社会是信息爆炸的社会，企业是否能够树立有效信息意识，是否能够合理有效地收集数据并进行分析处理，对于企业来说是一项非常巨大的工程。因此，只有建立有效的信息平台，为专业数据信息分析提供规模性的专业信息服务保障，才能为提高企业服务水平、优化企业战略管理奠定基础。

（二）重视信息技术，推进技术革新与改造

重视新技术的推广与应用是信息开发的基础和源泉。但复杂的信息并不一定会为企业创造可观的价值，关键还要看数据分析与应用的效果，特别是信息时代已经打破了行业之间的壁垒，因此如何利用信息技术充分发挥其效用，并加快技术更新和应用的步伐，形成真正的规模化数据，是当前推进信息发展应用中企业亟须面对与解决的问题。

（三）调整组织结构，搭建组织信息平台

在信息时代下，企业要想获得及时有效的数据信息，不仅需要搭建企业自身的云计算下的信息平台，还需要组织员工共同参与到这个过程中来。同时，为了适应分散决策的要求，必须调整组织结构，将高耸型组织调整为扁

平化的组织结构，调动一线员工工作的积极性与主动性，缓解高层的决策压力。

（四）加强人才培养，制定信息人才培养战略

企业战略管理需要大量掌握信息挖掘和数据分析技能的人才，他们不仅要具备扎实的数学基础知识、数据库知识、统计原理等，还要具有信息思维意识，能够利用数据分析结构对企业发展、市场前景、竞争趋势进行有效预测，为企业决策提供数据分析支持。因此，企业不仅需要大规模地补充此类人才，还需要制定信息人才培养战略，进行人才的储备、培养与激励，为企业信息战略转型提供人才支撑。

第三节　信息时代企业战略管理研究
——以文化产业为例

2011 年，麦肯锡咨询公司发布了一份名为《大数据：下一个创新、竞争和生产力的前沿》的报告，认为数据已经渗透到了每个行业和业务职能领域，逐渐成为重要的生产要素。2012 年，瑞士达沃斯世界经济论坛上有人宣称，数据已经成为一种新的经济资产；同年，奥巴马宣布美国政府投资 2亿美元启动"大数据研究和发展计划"。2013 年我国"两会"期间，有代表递交将大数据上升为国家战略的提案，此后相关国家文件不断印发，代表性文件如《促进大数据发展行动纲要》（2015 年）和《大数据产业发展规划（2016—2020 年）》（2017 年），极有力地推动了大数据在我国的发展。种种迹象表明，世界已经步入"信息时代"，数据将成为一种至关重要的战略资源。

"信息"是一股新的技术浪潮，它标志着人类社会从信息时代向智能时代的快速迈进，"新科技""高智能""大利润""快发展"将成为信息时代的发展特色。面对信息时代，企业需要深刻考量产业发展特征，发现产业在新一轮现代科技革命中存在的短板，加强战略管理，实现新的战略转型，适应新时代的发展要求。以下将以文化产业为例，从战略角度探讨文化产业的管理变革，从而为我国文化产业及相关企业的发展提供借鉴。

一、信息时代文化产业发展环境分析

进入信息时代，各行业都会面临高度复杂的环境变化带来的机遇与挑战，企业每天都在它的环境中经受新的考验。文化产业企业要想长期发展，就必须先了解外部环境以理解现状并预见未来，对环境有一个正确而清晰的认识是企业战略管理的必备前提和基础。

（一）政策环境

在世界全面发展层面上，文化产业已经成为解决全球经济和社会发展等问题的工具和手段，英国提出发展并实施了"创意产业战略"，新加坡提出了"文艺复兴新加坡战略"，日本和韩国提出了"文化立国战略"，欧盟发布了"欧盟文化战略"等。随着2009年《文化产业振兴规划》的颁布，我国的文化产业也已经上升为国家战略性产业。2010年，中国共产党中央委员会宣传部（简称"中宣部"）、人民银行等九部委全方位引导加强对影视业、新闻出版业、文化艺术服务业、旅游文化服务业、会展业、动漫业、艺术设计和艺术经营业、文体用品制造业等重点发展领域的金融支持力度。2012年，文化部相继出台了3个关于促进文化产业发展规划的文件，提出要加快发展新兴文化产业，加强技术研发、集成应用和产业化示范，加强文化科技战略研究。

诸多政策可以表明，国家和社会需要并重视文化产业的发展，同时良好的政策环境对文化产业的发展也非常有利。各文件内容也表明，发挥文化和科技的相互促进作用，实施科技带动发展战略，是未来文化产业发展的主流方向。而新技术、高科技正是信息时代的特点，信息时代的到来将激活文化产品和文化服务的供给和需求市场，我国文化产业也将因此迎来发展的春天。

（二）经济环境

近年来，经济大发展推动了国内文化产业的快速扩张，文化产业各细分行业保持稳步增长态势。在整个文化产业市场占较大份额的旅游、教育培训和体育产业增长平稳；新兴的游戏、手机、网络等"互动类"产业发展活跃；出版、影视、演出、动漫等"内容类"产业有较快的增长。国内整体经济状况将直接影响文化产业的发展势头，未来促进经济增长的重要因素——信息也将带动文化产业的发展。而人们对于海量数据的运用预示着新一波生产率增长和消费者盈余浪潮的到来。数据正成为巨大的经济资产，成为新世纪的"矿产"与"石油"，将带来全新的创业方向、商业模式和投资机会。

利用信息可以实现对企业更深入的分析和更准确的预测，使各行业企业对公司的发展和业务的把握更具能动性，这将会在很大程度上带动企业盈利和经济的快速增长。对于文化行业而言，信息时代的到来将促进其实现腾飞式的发展。

（三）技术环境

近年来，智能商务、云计算、物联网、虚拟现实、人机交互、3D 打印等新的技术快速进入了人们的生活，软件开源、数据开放、普式计算、软件即服务、智慧地球等新的思想令人应接不暇。信息、新科技正极大地改变着人们对既有"文化"的理解。文化部文化科技司司长于平指出："就我们的文化建设而言，必须正视和投身迅速崛起的大数据时代，必须顺应和引领它的磅礴脉动和青春意气。"文化与科技融合在很大程度上是科技向文化领域的选择性切入；科技创生着文化新业态，科技力量在寻求"商业模式"之时也带来了全新的文化体验，并改变着既有的文化景观。动漫渲染、裸眼 3D 等"虚拟技术"的迅速发展正改变并丰富着人们感受世界的方式；海量数据、"秒杀"传输的"速算中心"的大力构建正改变人们获取知识的方式。

二、文化产业战略管理现状分析

战略问题是关系到企业或组织机构发展前景的全局性、根本性问题，文化产业的战略管理同样是企业发展的关键。虽然我国已经出台了一系列政策，各级政府也通过加强规划指导、提供政策优惠、优化管理协调等手段大力支持文化产业发展，我国文化产业也因此得到了较大的发展和改观，但是大多数文化产业企业还面临着众多的问题。信息、新技术使整个文化产业处于新旧模式交融的更替时期，同时也必然会带来更多的潜在市场。企业要想在新时代的浪潮中得以生存、发展和壮大，就必须充分认识自身发展现状，分析现有战略管理模式的不足之处，只有找出阻碍自身发展的关键问题，才有可能探索出未来的发展之路。

首先，传统的文化企业受过去文化市场长期计划体制的影响，产品同质化严重。由于过去我国文化产业缺乏竞争意识和市场意识，缺乏开拓创新精神和动力，传统的文化企业为了将风险降低到最低，产品往往高度同质化，主题和创意都十分类似，甚至策略与渠道也基本一致。随着国家对文化产业的支持，文化产业企业的数量日益增多，高科技新产品对既有产品的冲击力非常大，业内竞争力度也会越来越大。依然维持既有管理模式的传统文化企业将面临严重的威胁。其次，传统文化产业在经营管理方面的研究不足，缺乏战略管理意识。这就在一定程度上降低了企业科学运作的效率，影响了资源合理有效的配置，导致效率低下。最后，创新力度不足，创新战略管理亟待优化和加强。随着我国文化产业市场竞争的加剧，文化创新的难度也在不断加大。创新为文化产业带来先驱者利益的同时，也使文化产业面临市场培育、新产品推广等众多问题，对于这些问题带来的风险，大多数文化企业选择规避这些问题，即规避创新，这使我国文化产业的创新能力严重不足。虽然既有管理方法与模式形成的投资、数据和价值观在短期内不可能被全部代替，而是会融合、整合到新的业务中去，但企业要想在更高层次上得以发展，就必须重新审视局势，及时调整和加强战略管理，只有着眼长远、谋略全局，才能建立持续竞争优势，赢得信息时代企业发展的主动权。

三、加强战略管理赢得企业持续竞争优势

加强战略管理的基本目标是获得竞争优势以及赚取超额利润，适当的战略将使实现愿景和使命的行动更加合理化。面对我国传统文化产业战略管理存在的问题和不足，下面将从管理者、公司和业务三个层面对如何优化和加强战略管理的问题进行探讨，以帮助文化产业企业在信息时代未雨绸缪，抓住机遇，迎接挑战，使企业立于不败之地。

（一）管理者层面：基于信息时代的战略管理理论要求

管理层的知识水平和认知高度直接决定企业的兴衰和发展，文化产业企业要想实现战略转型，首先要从普及和强化管理层的战略管理理论入手。

对战略管理来说，环境分析是基础环节，也是支持环节。这一部分不仅要分析行业外部环境，还要详细分析自身企业、竞争对手以及标杆企业的相

关情况，通过对比分析找出企业的核心竞争力所在。战略制定是战略管理的核心环节，愿景、使命和价值观是企业发展的魂，战略目标则需要从公司、经营中心和业务三个层面指出各自的发展方向，以此结合自身发展现状来选择不同层面的发展战略。在战略实施的过程中，管理层不仅需要制订实施计划，还需要进行过程监督和管理，从而保证战略执行的高效性，最后通过战略评估和调整来保证战略的有效性和适应性。步入信息时代，文化产业企业的管理层需要调整管理思维模式，通过不断学习和创新弥补过去在战略管理上的不足，以适应新时代的要求。

（二）公司层面：基于信息的战略合作

信息是影响未来战略发展的主要因素，谁掌握了信息，谁就能成为未来发展规则的制定者和改变者。信息的影响力将渗透到各行各业，文化产业企业的振兴更离不开信息的支撑。在信息时代，数据就是直接的财富，就是核心的竞争力，很多行业都要相继跨入一个数据兴则企业兴、数据强则企业强的竞争时代。文化产业企业只有将数据的竞争上升到公司战略合作的高度，才能赢得竞争优势。

信息是一个复杂的命题，海量数据的收集使用和开放等，都是信息时代企业需要面对的挑战，但是对于文化产业企业自身来讲，企业的管理层和员工大多不是数据搜集和分析的专业人士，从事文化产业的企业需要与咨询公司和信息技术公司一起深入地了解信息时代的产业市场，洞察潜在的业务机会，创造新的商业模式，通过一个全面的端到端的信息战略方案来获取企业竞争力。

以雅昌企业（集团）有限公司（简称"雅昌"）为例，雅昌与我国优秀的设备、软件和咨询企业建立了良好的合作关系，将战略咨询、全面的业务解决方案、信息分析服务平台、海量数据处理平台等纳入信息战略体系，在文化艺术的普及和教育领域，推出包括流动美术馆、数字展览、数字博物馆、艺术讲座、数字出版、艺术教育平台、3D展览在内的多种服务。从一个传统印刷企业转型为以视觉文化为发展方向的新型文化企业。雅昌通过与信息技术和咨询公司的合作实现了传统与现代、数据与艺术的完美结合，在信息时代来临之际，为集团业务拓展开辟了新的道路。

（三）业务层面：基于信息的"低成本、差异化"运营战略

业务层战略的目的是在公司与其竞争对手的定位之间形成差异。战略与业务活动的匹配不仅对竞争优势来说是非常基础的，对这一优势的持续性来说还是非常关键的。基于业务活动系统的定位比基于独立业务活动的定位更具持续性。在选择业务层战略时，企业应当评价两种潜在的竞争优势。一是比竞争对手更低的成本或差异，有能力收取较高的价格以超过为产生差异化所付出的额外成本。要实现"低成本"的运营战略，企业必须广泛推行以事实为基础的决策方法，大量使用数据分析来优化企业的各个运营环节，通过基于数据的优化和对接把业务流程和决策过程当中存在的每一分潜在的价值都"挤"出来，从而节约成本、战胜对手，在市场上幸存。美国战略变革领域著名教授达文波特认为，能够始终保持以"数据最优"的原则来运营的公司将能够在竞争中坚持到最后，并不战而胜。二是信息时代也是一个看重"差异化"的时代，文化产业企业要想通过"差异化"战略来获取竞争优势，就必须学会选择，无论是产品还是服务，都要做到有所为和有所不为。通过数据系统地了解竞争对手、了解既有市场和客户需求，不断地投资和开发顾客认为是重要的产品或服务的差异化特征，同时避开行业锋芒，企业的产品或服务与竞争对手之间的相似性越小，企业受竞争对手的影响也就越小。

和互联网时代相比，信息时代不仅意味着更广泛、更深层的开放和共享，还意味着更精准、更高效、更智能的管理革命。企业只有紧跟时代变化的节奏，重视并不断加强战略管理，才能在信息和新技术革命初见端倪之时抢抓机遇，赢得企业持续竞争优势并不断发展壮大。

第五章 信息时代企业财务管理

第一节　企业财务管理概述

一、基本介绍

财务管理是在一定的整体目标下，关于资产的购置（投资）、资本的融通（筹资）和经营中现金流量（营运资金），以及利润分配的管理。西方财务学主要由三大领域构成，即公司财务、投资学和宏观财务。其中，公司财务在我国常被译为"公司理财学"或"企业财务管理"。企业财务管理是通过价值形态对企业资金运动进行决策、计划和控制的综合性管理。财务不同于其他部门，本身并不能创造什么价值，但企业财务管理直接向管理层提供第一手的信息，因此实际上它是一个隐性的管理部门。企业财务管理的内容包括固定资金管理、流动资金管理、销售收入和利润的管理、专用基金管理等。也有另一种观点认为，企业财务管理的主要内容为筹资管理、投资管理、营运资金管理以及利润分配管理。在一个企业中，财务管理最重要的职能就是对生产经营活动发挥指导作用。财务部门最注重数据资料研究，财务人员得到数据后，利用自身专业的敏感度，能够迅速分析业务的变动情况，从而提升对于经济活动的洞察能力。随着财务对经营活动支持程度的加深，其对整个企业的经营活动发展的支撑也进一步加大。

二、发展历史

（一）财务管理的萌芽时期

企业财务管理大约起源于 15 世纪末至 16 世纪初。当时西方社会正处于资本主义萌芽时期，地中海沿岸的许多商业城市出现了由公众入股的商业组织，入股的股东有商人、王公、大臣和市民等。商业股份经济的发展客观上要求企业合理预测资本需要量，有效筹集资本。但由于这时企业对资本的需要量并不是很大，筹资渠道和筹资方式比较单一，企业的筹资活动仅仅附属于商业经营管理，并没有形成独立的财务管理职业，这种情况一直持续到19世纪末至20世纪初。

（二）筹资财务管理时期

19世纪末至20世纪初，工业革命的成功促进了企业规模的不断扩大、生产技术的重大改进和工商活动的进一步发展，股份公司迅速发展起来，并逐渐成为占主导地位的企业组织形式。股份公司的发展不仅需要大量的资本，还使筹资的渠道和方式发生了重大变化，企业筹资活动得到进一步强化，如何筹集资本扩大经营成为大多数企业关注的焦点。于是，许多公司纷纷建立了一个新的管理部门——财务管理部门，财务管理开始从企业管理中分离出来，成为一种独立的管理职业。当时公司财务管理的职能主要是预计资金需要量和筹措公司所需资金，融资是当时公司财务管理理论研究的根本任务。因此，这一时期被称为融资财务管理时期或筹资财务管理时期。

这一时期的研究重点是筹资。主要财务研究成果如下：1897年，美国财务学者格林（Green）出版了《公司财务》，详细阐述了公司资本的筹集问题，该书被认为是最早的财务著作之一；1910年，米德（Meade）出版了《公司财务》，主要研究企业如何最有效地筹集资本，该书为现代财务理论的形成奠定了基础。

（三）法规财务管理时期

1929年爆发的世界性经济危机和20世纪30年代西方经济整体的不景气造成众多企业破产，投资者损失严重。为保护投资人利益，西方各国政府加强了对证券市场的法制管理，如美国出版了《美国1933年证券法》和《美国1934年证券交易法》，对公司证券融资做出了严格的法律规定。此时财务管理面临的突出问题是金融市场制度与相关法律规定等相关问题。财务管理的首要任务是研究和解释各种法律法规，指导企业按照法律规定的要求，组建和合并公司，发行证券以筹集资本。因此，西方财务学家将这一时期称为守法财务管理时期或法规描述时期。

这一时期的研究重点是法律法规和企业内部控制。主要财务研究成果如下：美国洛弗（Lough）出版了《企业财务》，首先提出了企业财务除筹措资本外，还要对资本周转进行有效的管理；英国罗斯（Rose）出版了《企业内部财务论》，特别强调企业内部财务管理的重要性，认为资本的有效运用是财务研究的重心。20世纪30年代后，财务管理的重点开始从扩张性的外部融资向防御性的内部资金控制转移，各种财务目标和预算的确定、债务重组、资产评估、保持偿债能力等问题，开始成为这一时期财务管理研究的重要内容。

（四）资产财务管理时期

20世纪50年代以后，随着市场竞争的日益激烈和买方市场趋势的出现，财务经理普遍认识到，单纯靠扩大融资规模、增加产品产量已无法适应新的形势发展需要，财务经理的主要任务应是解决资金利用效率问题，公司内部的财务决策上升为最重要的问题，西方财务学家将这一时期称为内部决策时期。在此期间，资金的时间价值引起财务经理的普遍关注，以固定资产投资决策为研究对象的资本预算方法日益成熟，财务管理的重心由重视外部融资转向注重资金在公司内部的合理配置，这使公司财务管理发生了质的飞跃。这一时期资产管理成为财务管理的重中之重，因此称之为资产财务管理时期。

20世纪50年代后期，对公司整体价值的重视和研究是财务管理理论的另一显著发展。在实践中，投资者和债权人往往根据公司的盈利能力、资本结构、股利政策、经营风险等一系列因素来决定公司股票和债券的价值。由此，资本结构和股利政策的研究受到高度重视。

这一时期主要财务研究成果如下：1951年，美国财务学家迪安（Dean）出版了最早研究投资财务理论的著作《资本预算》，对财务管理由融资财务管理向资产财务管理的飞跃发展产生了决定性影响；1952年，哈里·马克维茨（Harry Markowitz）发表论文《资产组合选择》，认为在若干合理的假设条件下，投资收益率的方差是衡量投资风险的有效方法，从这一基本观点出发，他于1959年出版了专著《资产组合选择——投资的有效分散化》，从收益与风险的计量入手，研究各种资产之间的组合问题，他也被公认为资产组合理论流派的创始人；1958年，弗兰科·莫迪利安尼（Franco Modigliani）和米勒（Merto H Miller）在《美国经济评论》上发表《资本成本、公司财务和投资理论》一文，提出了著名的MM理论，莫迪利安尼和米勒因为在研究资本结构理论上的突出成就，分别在1985年和1990年获得了诺贝尔经济学奖；1964 年，夏普（Sharpe）、林特纳（Lintner）等在马克维茨理论的基础上，提出了著名的资本资产定价模型（CAPM），系统阐述了资产组合中风险与收益的关系，区分了系统性风险和非系统性风险，明确提出了非系统性风险可以通过分散投资而减少等观点，这一模型使资产组合理论发生了革命性变革，夏普因此与马克维茨一起共享第 22 届诺贝尔经济学奖的荣誉。总之，在这一时期，以研究财务决策为主要内容的"新财务论"已经形成，其实质是注重财务管理的事先控制，强调将公司与其所处的经济环境密切联系，以资产管理决策为中心，将财务管理理论向前推进了一大步。

（五）投资财务管理时期

第二次世界大战结束以来，科学技术迅速发展，产品更新换代速度加快，国际市场迅速扩大，跨国公司增多，金融市场繁荣，市场环境更加复杂，投资风险日益增加，企业必须更加注重投资效益，规避投资风险，这对已有的财务管理提出了更高要求。20 世纪 60 年代中期以后，财务管理的重点转移到投资问题上，因此这一时期被称为投资财务管理时期。

如前所述，资产组合理论和资本资产定价模型揭示了资产的风险与其预期报酬率之间的关系，受到了投资界的欢迎。它不仅将证券定价建立在风险与报酬的相互作用基础上，还大大改变了公司的资产选择策略和投资策略，被广泛应用于公司的资本预算决策，结果使财务学中原来比较独立的两个领域——投资学和公司财务管理相互组合，使公司财务管理理论跨入了投资财务管理的新时期。前述资产财务管理时期的财务研究成果同时也是投资财务管理初期的主要财务成果。

20 世纪 70 年代后，金融工具的推陈出新使公司与金融市场的联系日益加强。认股权证、金融期货等广泛应用于公司筹资与对外投资活动，推动了财务管理理论的日益发展和完善。20 世纪 70 年代中期，布莱克（SFBlack）等人创立了期权定价模型（Option Pricing Model，OPM）；斯蒂芬·罗斯提出了套利定价理论。在此时期，现代管理方法使投资管理理论日益成熟，其主要表现如下：建立了合理的投资决策程序；形成了完善的投资决策指标体系；建立了科学的风险投资决策方法。

一般认为，20 世纪 70 年代是西方财务管理理论走向成熟的时期。由于吸收了自然科学和社会科学的丰富成果，财务管理进一步发展成为集财务预测、财务决策、财务计划、财务控制和财务分析于一身，以筹资管理、投资管理、营运资金管理和利润分配管理为主要内容的管理活动，并在企业管理中居于核心地位。1972年，法玛（Fama）和米勒（Miller）出版了《财务管理》一书，这部集西方财务管理理论之大成的著作标志着西方财务管理理论已经发展成熟。

（六）财务管理深化的新时期

20世纪70年代末，企业财务管理进入深化发展的新时期，并朝着国际化、精确化、电算化、网络化方向发展。

20世纪70年代末至20世纪80年代初期，西方世界普遍遭遇了旷日持久的通货膨胀。大规模的持续通货膨胀导致资金占用迅速上升，筹资成本随利率上涨，有价证券贬值，企业筹资更加困难，公司利润虚增，资金流失严重。严重的通货膨胀给财务管理带来了一系列前所未有的问题，因此这一时期财务管理的任务主要是应对通货膨胀。通货膨胀财务管理一度成为热点问题。

20世纪80年代中后期以来，进出口贸易筹资、外汇风险管理、国际转移价格问题、国际投资分析、跨国公司财务业绩评估等，成为财务管理研究的热点，并由此产生了一门新的财务学分支——国际财务管理。20世纪80年代中后期，拉美、非洲和东南亚发展中国家陷入沉重的债务危机，苏联和东欧国家政局动荡、经济濒临崩溃，美国经历了贸易逆差和财政赤字，贸易保护主义一度盛行。这一系列事件导致国际金融市场动荡不安，使企业面临的投融资环境具有高度的不确定性。因此，企业在其财务决策中日益重视财务风险的评估和规避，效用理论、线性规划、对策论、概率分布、模拟技术等数量方法在财务管理工作中的应用与日俱增。财务风险问题与财务预测、决策数量化受到高度重视。

随着数学方法、应用统计、优化理论与电子计算机等先进方法和手段在财务管理中的应用，公司财务管理理论发生了一场"革命"，财务分析向精确化方向飞速发展，20世纪80年代诞生了财务管理信息系统。

20世纪90年代中期以来，计算机技术、电子通信技术和网络技术发展迅猛。财务管理的一场伟大革命——网络财务管理，已经悄然到来。

三、财务管理的目标

我国财务管理的目标经历了 1978 年以前的产值最大化阶段和改革初期的利润最大化阶段。实践告诉我们，产值最大化、利润最大化都不是财务管理的最终目标。

关于财务管理的目标，如今学术界主要存在以下五种观点。

（一）股东财富最大化

股东财富最大化是指通过财务上的合理经营，为股东带来最多的财富。持这种观点的学者认为，股东创办企业的目的是扩大财富。他们是企业的所有者，其投资的价值在于它能给所有者带来未来报酬，包括获得股利和出售股权换取现金。

（二）企业价值最大化

企业价值最大化是指通过企业财务上的合理经营，采取最优的财务政策，充分考虑货币的时间价值和风险与报酬的关系，在保证企业长期稳定发展的基础上使企业总价值达到最大。持这种观点的学者认为，财务管理的目标应与企业多个利益集团有关，可以说，财务管理的目标是这些利益集团共同作用和相互妥协的结果。

（三）企业经济增加值最大化

持这种观点的学者认为，企业财务管理的目标应当具有系统性、相关性、操作性和效率性，同时提出了满足以上四个财务管理目标特征的最优选择——企业经济增加值最大化。

（四）企业资本可持续有效增值

持这种观点的学者认为，企业资本可持续有效增值是企业理财目标的理性选择，企业资本可持续有效增值可通过上述财务指标体系来体现。然后，通过这一系列的指标分析，评价企业的经营状况，从而判断企业是否达到了财务管理目标或财务管理的水平如何。

（五）资本配置最优化

有的学者提出，新经济的出现对企业财务产生了巨大的冲击，经济体制、企业组织形式、理财观念的变化对企业财务目标能产生极大的影响，同时指出新经济条件下企业的财务管理目标应定位为资本配置最优化。

四、财务管理的影响因素

企业财务管理目标在不同时期、不同理财环境和不同国度也不同，归纳起来这些目标都受到以下共同因素的影响。

（一）财务管理主体

财务管理主体是指企业的财务管理活动应限制在一定的组织内，明确了财务管理的空间范围。由于自主理财的确立，财务管理活动成为企业总体目标的具体体现，这为正确确立企业财务管理目标奠定了理论基础。

（二）财务管理环境

财务管理环境包括经济环境、法律环境、社会文化环境等财务管理的宏观环境，以及企业类型、市场环境、采购环境、生产环境等财务管理的微观环境，同样也是影响财务管理目标的主要因素之一。

（三）企业利益集团利益关系

企业利益集团是指与企业产生利益关系的群体。在现代企业制度下，企业的利益集团已不再是单纯的企业所有者，影响财务管理目标的利益集团包括企业所有者、企业债权人、政府和企业职工等，不能将企业财务管理目标仅仅归结为某一集团的目标，而应该是各利益集团利益的综合体现。

（四）社会责任

社会责任是指企业在从事生产经营活动，获取正常收益的同时，应当承担相应的社会责任。企业财务管理目标和社会责任客观上存在矛盾，即企业承担社会责任会造成利润和股东财富的减少。但企业财务管理目标和社会责任也有一致性：一方面，企业承担的社会责任大多是法律所规定的，如消除环境污染、保护消费者权益等，企业财务管理目标的完成必须以承担社会责任为前提；另一方面，企业积极承担社会责任，为社会多做贡献，有利于企业树立良好形象，也有利于企业财务管理目标的实现。

五、企业财务管理的七大职能

每一家企业对财务管理都很重视，企业规模不同，企业性质各有差异，财务机构的设置、人员配备、机构内部岗位设置也不尽相同，但从企业财务应具备的职能上看，无论企业财务机构、岗位如何设置，人员如何配备，财务作为企业管理过程中不可或缺的部分，都应具备以下七个方面的职能，做好七件事，尽管这些职能在不同的企业强弱显现不同。

（一）算好账

会计核算是企业财务管理的支撑，是企业财务最基础最重要的职能之一。会计的基本职能，无论是二职能论（反映与监督）、三职能论（反映、监督及参与决策）还是五职能论（反映、监督、预算、控制与决策），其第一项职能都是反映，反映职能是通过会计核算体现的。会计核算作为一门管理科学，而且是一门硬科学，它有一套严格的确认、计量、记录和报告程序与方法。会计是用价值的方式来记录企业经营过程、反映经营得失、报告经营成果，会计的审核和计算只有在业务发生后才能进行，因此会计核算都是事后反映，其依据《中华人民共和国会计法》《企业会计准则》《企业财务通则》等进行分类整理。作为管理科学的一个分支，它有一整套的国际通行的方法和制度，包括记账方法、会计科目、会计假设及国家制定的会计准则、制度、法规、条例等，这些方法和制度为整个会计核算提供了较多的规范，目的是要得出一本"真账"，使结论具有合法性、公允性、一贯性。相对来讲，结论是"死的"，不同的人对相同的会计业务进行核算，在所有重大方面不应存在大的出入。在财务的七件事中，此职能最能得到大家的认可，也是如今企业财务中运用较好的职能之一，当然有意做假账除外。

（二）管好钱

除会计核算外，会计最重要的职能就是监督，会计监督是全方位的，包含企业的各个方面，其中对企业资金的监督是每家企业都非常重视的事情。对任何企业来说，资金的运用与管理都是一个非常重要的事，资金于企业而言犹如人们身上的血液，出现任何问题都有可能使企业面临危机。作为企业价值管理的财务部门，其重要职能包含资金的筹集、调度与监管，简单地说就是把企业的"钱"管好。

资金的运用与管理有别于会计核算，没有一套严格的管理方法，企业间差别较大，资金计划、筹融资、各项结算与控制都属于资金运用与管理范围，企业性质、资金量、会计政策、信用政策、行业特点、主要决策者偏好，甚至资金调度人员的经验都可能给企业资金运用与管理带来影响，通过建立企业资金管理制度可在一定程度上避免资金的使用不当，但要提高企业资金效用，单靠制度很难实现，除应建立一套适合企业的资金审批、监控系统外，更需要选择有一定经验的人员进行此项工作。

（三）理好关系

企业经营过程中所涉及的财务关系很多，既有内部各部门之间的，又有企业与外部各供应商、客户、银行、税务、工商、政府部门等的关系，财务部门应协调好这些关系。企业都说重视财务管理，但真正能理解什么是财务管理的企业其实不多，更多的企业是将会计理解为财务。财务离不开会计，很多财务决策都得依赖会计核算，会计核算的许多方法也直接被财务利用，然而它们毕竟是不同的两门学科，不能混为一谈，财务管理属于软科学，更多地需要有经验的人员进行管理，财务管理的效用也往往高于会计核算。

（四）监控资产

财务部门的第一职能是会计核算，会计核算是用价值手段全面反映企业实物运动的过程，实物从这个车间到那个车间，从这道工序到那道工序，无不在会计核算的反映之内，因此除了要求账账相符、账证相符外，账实是否相符，也是财务履行其监督职能的一个重要方面。财务部门可通过定期与不定期进行资产的抽查与盘点，查看企业资产实物与财务记录数据是否相符，从资产监管的角度来参与企业资产管理，以保证财务记录的真实性及企业资产的安全与完整性。

（五）管好信用

信用管理作为企业财务管理的内容之一，本不应单独列为财务职能，但由于其重要程度及信用管理的复杂性，企业将其从财务管理职能中分离出来，并单独形成职能。在过剩经济时代，企业经营少不了与客户之间发生一些往来款项，其中不乏赊销。随着赊销业务的增加，企业发生呆坏账的可能性也在加大。在毛利率不高的情况下，一笔呆坏账往往超过企业的全年利润。为减少呆坏账的发生，企业间的信用管理与控制也越来越受到企业重视。

企业的信用政策往往与销售业绩直接联系在一起，采用什么样的信用政策，客户的信用记录如何，直接关系到企业销售量和呆坏账的数量，因此企业信用管理是十分重要的。对于各客户的购货量、货款支付的及时性、业务过程中是否容易合作等，市场部门和财务部门都应全面掌握。根据企业管理中的相互制约原则，企业信用管理工作一般落实在财务部门，信用管理成为财务工作的重要职责之一，管好客户信用也就控制了企业呆坏账的发生率。

（六）做好参谋

管理会计主要从管理的角度，根据决策者的需要将企业以往发生的财务事项进行重新组合、分解，利用趋势预测等方法，为决策者提供一些决策数据。虽然管理会计的重要来源是财务会计，但不像财务会计那样有严格的方法、政策限制，不受财务会计"公认会计原则"的限制和约束，得出的结论往往带有一些假设成分。由于管理会计与企业会计核算不可分割，其成为财务管理的重要内容之一。

企业财务应在会计核算与分析的基础上，结合管理会计，为企业生产经营、融资、投资方案等提供好决策数据，做好参谋。

（七）计好绩效

谈到绩效考核，少不了对各项完成指标的计量与比较，这些计量与比较就需要会计方面的价值计量，生产过程中的增值、费用控制、产值等都是财务会计的计量范围。在价值计量上企业中还没有哪一个部门能比财务部门更专业和全面，因此企业绩效考核工作就需要财务部门的参与，绩效考核中的大部分计算工作成为财务职责工作之一，分解、计算各部门绩效是财务部门须做的七件事之一。

总之，企业财务作为企业管理的中心，无论企业规模大小，都需要具备以上七个方面的职能。虽然仅少数大型企业对这几个方面的职能有明确分工，绝大多数企业由于财务机构、人员的限制，没有对这些职能进行明确分工，而把其中的较多职能赋予在财务经理等少数人身上，但无论如何分工，这七项职能是必不可少的。

第二节　信息时代与企业财务管理

一、信息时代下企业财务管理存在的问题分析

（一）企业财务管理理念落后

结合当前我国现阶段企业财务管理工作的基本状况来看，其表现出来的问题和缺陷虽然有很多，但是归根结底还是因为在财务管理理念方面明显落后。这种企业财务管理理念的落后具体表现在以下两个方面：第一，在企业财务管理工作中，管理人员过度关注企业利益的最大化，而很容易忽视一些有价值的内容和信息，因此有可能会导致企业财务管理中出现一些较大的方向性问题和损失；第二，在具体的企业财务管理中，相关管理部门以及管理人员还对管理对象存在着一定的偏见，对有形资产过于关注，而忽视了无形资产，进而也就不利于企业财务管理水平的提升，容易影响和制约企业的健康可持续发展。

（二）企业财务管理的共享性不足

基于企业财务管理的现状，其在共享性方面同样也存在着一些问题和缺陷，这些问题主要表现为企业财务管理的共享性不是特别充足。很多企业内部的财务管理存在着较为突出的独立性，这种独立性主要表现在以下两个方面：第一，从企业内部来看，财务部门可以说是独立于其他各个部门而存在的，财务部门和其他部门的交流不够充分，很多时候明显欠缺交流，很难保

障企业财务管理在管理过程中得到其他部门的支持和辅助，进而影响了企业财务管理工作的有效开展；第二，从企业外部来看，企业财务部门也不能够和外界相关部门以及企业产生有效的交流和互动，在信息传递以及数据的共享上存在着明显的问题，最终同样会影响到企业自身财务管理工作的开展，甚至会造成一些较大缺陷和隐患。

（三）企业财务管理风险意识不足

对于当前企业财务管理工作来说，风险管理是比较核心的一个目标和任务，但是却也很容易受到忽视。很多企业在实际的财务管理操作中意识不到风险管理和控制的重要性，很难投入较为充沛的精力对财务中存在的风险进行分析和管理，最终造成企业的经济损失。随着信息时代的来临，企业财务管理工作中面临的风险越来越多，各个问题也表现得越来越复杂，也就更加需要更加充分的分析和管控；从具体的数据来看，当前企业财务管理中获得的数据资源越来越多，相应的风险因素和问题也就越来越多，这都需要引起企业财务管理人员的足够重视。以往的重视程度难以满足当前的实际需求，这也是当前企业财务管理中各类问题频发的一个重要原因。

（四）企业财务管理人员素质不足

信息时代的不断发展，对企业财务管理人员也提出了更高的要求，相关人员必须要重点对各类现代化的技术手段以及先进的管理理念有一个较为充足的认识和掌握，进而才能够适应企业财务管理的发展。但是从当前企业财务管理人员的基本状况来看，很多企业财务管理人员并不具备这些方面的素质和能力，很难表现出较好的工作效能。管理理念的落后以及管理人员素质的不足都严重制约着企业财务管理的发展，这也是今后企业财务管理工作创新发展的一个重要着力点。

二、信息时代对企业财务管理的影响

（一）促进财务管理信息的挖掘

随着全球经济一体化趋势的日益加快，企业面临的内外部环境发生了较大的变化，相应的企业财务管理信息也随之更新，因此需要企业能够通过快速响应与技术创新来获得内外部的财务管理信息情报，从而构筑一个更具竞争力的战略决策体系。在信息时代以前，企业获得财务管理信息的途径主要是财务会计报表数据。而在信息时代背景下，企业要获得财务管理信息，除了通过传统的财务报表外，还可以利用信息技术，从业务数据、客户数据等方面挖掘更多的财务管理信息。以计算为核心的信息处理平台可以为企业提供一个更为有效的数据管理工具，提升企业财务管理的水平。

（二）提升财务管理信息对企业决策的支持力度

在信息时代背景下，企业能够获得多维度的海量数据信息，在原来的工作模式中，企业可能无法应对如此繁杂的数据，但在信息时代，企业可以建立一个信息预测分析系统，让企业从原先那种繁杂的数据监测与识别工作中解脱出来，为企业赢取更多的时间来进行决策与分析。例如，企业可以借助客户信息分析体系，分析购买企业产品客户的收入水平和消费习惯，从而有针对地开发产品，提高企业产品销售的效率。

（三）提升财务管理信息的准确度

在信息时代以前，财务报告的编制以确认、计量、记录为基础，然而由于技术手段的缺失，财务数据和相关业务数据作为企业的一项重要资源，其价值并没有受到应有的重视。由于技术限制，有些企业决策相关数据并未得到及时、充分的收集，或者由于数据分类标准差异，数据整合利用难度大、效率低，因此相关财务管理信息不准确、不精准，大量财务管理数据在生成财务报表之后便处于休眠状态，从而丧失了价值。但在信息时代，由于技术的发展，企业高效率的处理使整合海量数据成为可能，而且由于信息技术具有的规范化、标准化特点，大量财务管理数据的准确性得以提升。

（四）促进企业财务人员角色的转变

从企业财务管理的角度分析，信息为财务人员从记账复核和简单的报表分析人员向高层管理会计转型提供了机遇。此前，财务人员只能通过对报表数据的分析为管理者提供决策依据。随着市场竞争的加剧，基于财务报表的数据分析为管理者提供的信息越来越有限，管理者越来越不满足于纯粹的报表信息。但在信息时代，企业财务人员面对的是不同维度的海量财务数据，而且数据之间的因果关系链更完整。同时，信息技术能够帮助财务人员破解传统 Excel 分析难以应对的数据分析难题，透过那些看似普通的数据，财务人员可以在数据分析过程中更全面地了解到企业的现状及问题，更及时地评价企业的财务状况和经营成果，从而揭示经营活动中存在的矛盾和问题，为改善经营管理提供明确的方向和线索。

三、信息时代下企业财务管理创新发展方向

（一）培育企业决策层的信息管理意识

在信息时代，企业的财务管理离不开决策层的支持，但传统的数据分析对于企业决策层来说驾轻就熟，依赖差不多或大概的数据做出决策并取得成功的经验俯拾皆是。同时，成本高昂的信息处理工具所带来的企业效益的提升可能难以准确量化。这些因素可能会造成企业决策层对信息管理的迟疑甚至排斥。但是企业管理层必须要意识到，当今的市场竞争越发激烈，以信息管理为特征的时代已经来临，如果企业不能意识到这种变化，不能从信息中迅速识别风险和发掘商机，在未来的行业竞争中将不可避免地被逐渐击败。企业意识形态更新的最大推动力来自决策层的决心，只有培育企业决策层的信息管理意识，并加强组织领导工作，才能从根本上增强企业的信息意识。

（二）转变企业财务管理职能

在信息时代，数据信息量庞大而复杂，但当代信息技术的发展为数据展示提供了条件，也为创新财务管理中数据信息的呈现方式提供了新的方向，企业财务人员需要转变管理思路，推动财务管理职能的适当转型。长期以来，企业财务管理职能主要定位于财务会计功能，通过确认、计量、记录、报告程序，努力为相关者提供决策所需的财务信息。管理会计虽然不断被提及，但是在企业管理中的实际应用范围较窄、层次较低，目前仍处于探索推进阶段。信息时代下的企业财务管理工作将以信息为基础，在企业内部行使全面预算管理、资金集中管理与内部控制等管理会计职责，从而让企业财务

管理工作能够高效且顺畅地进行下去。因此在信息时代，亟需将管理会计提升到与财务会计同等重要的地位，甚至应当真正实现财务管理职能从财务会计向管理会计的拓展延伸。

（三）提升财务管理信息化建设水平

提升财务管理信息化建设水平是做好信息时代下企业财务管理的重要方面。首先，需要建立财务管理信息化制度，完善企业的网络信息环境，建立统一的财务管理制度，对各项数据、信息在制度上、流程上、收集方式上进一步实现统一，从而提升企业财务报告合并的工作效率与质量，提升各项财务信息、会计数据的透明度和公开度。其次，要做好与企业其他有用信息的互通互联，尤其是要解决业务信息、客户信息与财务信息的高度集成及依托精确的信息处理平台进行分析和决策的问题。企业通常可以考虑在内部设置一个财务信息平台，将企业的财务发展和战略决策全部纳入信息平台中，以便为企业管理层提供及时可靠的信息。

（四）促进财务分析由事后反映向事中控制转型

竞争环境的加剧要求传统成本管理转向以顾客为导向、着眼于竞争优势的战略成本管理，从注重成本核算向注重成本控制转变，从制造成本管理向产品全成本管理转变。从管理会计发展的趋势来看，作业成本法以其对成本的精确计算和对资源的充分利用引起了人们的极大兴趣，但其复杂的操作使很多管理者望而却步。在信息时代背景下，利用信息技术能够确定成本动因，准确计算成本，实现从基于结果的分析向基于过程的挖掘的转变。财务人员不再局限于事后反映、分析和监督，可以及时采集与生产制造成本相关的各种类型数据，通过成本控制系统，准确汇集分配成本，分析生产费用构成的因素，对不同产品的利润贡献差异进行全方位比较，实现在线过程控制与业务活动绩效评价。

（五）建设信息财务人才队伍

信息时代改变了企业的发展模式，要求财务人员超越财务思维，从业务的角度思考财务问题，财务人员不再仅仅负责核算反映、财务监督等财务工作，更重要的是具备超越财务的战略全局观、组织流程规划设计能力、分析业务理解洞察力以及信息技术系统构架与建设的能力，这些都对财务管理人员提出了更高的要求。但目前大部分企业并没有相应的人才储备，也无法在数据分析模型上投入足够的人力资源。在信息时代，提升企业信息管理意识和财务信息化水平只是其中的两个重要方面，更为重要的是在执行层面要建设信息财务人才队伍，只有这样企业才能真正利用信息技术集中存储和分配财务资源，进而做出最优的财务决策。

第三节　信息时代企业管理会计应用数据分析实例

一、问题提出

在日常经营活动过程中，企业会积累大量数据，这些数据涵盖采购、仓储、生产、市场、客户、竞争对手等企业全供应链乃至行业全产业链方方面面所涉及的业务发生、发展、产出。近些年来，这些数据引起了企业的广泛关注，利用这些日常积累下来的大量数据，企业能够在一定程度上分析总结出既往企业资源的投入产出效果，并能够支持企业未来提高资源投入产出效果的战略应用，对企业管理层和一线业务人员均具有较强的指导意义。

目前，我国的信息应用尚处于起步阶段，信息挖掘和信息应用的主要职责通常由企业研发部门承担，财务部门基本上被隔离在外。究其原因，主要包括以下几个方面：一是企业财务系统通常独立于其他业务系统，财务模块同其他数据模块之间的数据接口所对接的通常是汇总数据，且仅同财务入账信息相关，财务人员很少接触到其他业务系统中的详细业务数据，一定程度上限制了财务人员的视野；二是仍有很多企业管理层对财务部门仅仅只有基本的要求，如按时结账、准确报税、定期出具企业整体财务报表等，财务人员需要完成的工作内容也相对粗放；三是信息挖掘是具有技术基础的工作，通常财务人员缺乏处理大量数据的专业软件和能力，在日常的工作中同企业一线业务部门及研发部门的接触和合作不够深入，造成企业财务人员在使用信息方面存在壁垒。

随着管理会计在企业财务部门中的位置日趋重要，管理会计的职能逐步超出了传统财务会计职能的范围，开始参与到企业战略制定和企业日常经营活动中，因此企业管理会计可以也应该成为信息和企业财务结合的切入点，在信息的挖掘和分析中，从财务视角对企业信息的应用提出意见和建议。此外，管理会计具有参与全产业链各步骤得天独厚的优势，企业的各项经济活动最终都会反映在财务结果中，管理会计更易以全盘的管理视角来审视所发生的业务及其成果，获得以财务结果作为基础、关联全业务流程的相关信息。

这里以某自营电商公司为例，利用其海量订单所关联的业务数据及所产生的财务结果数据，将公司层面财务报表细化至单品损益层面，并分三个阶段实现不同的管理目标和产出效果。

二、某自营电商公司管理会计应用信息阶段分析

（一）第一阶段：财务准则下细化损益报表至单品层面

该阶段主要目标为搭建出公司整体经营成果及损益报表同单品之间的关系框架，基于公司已有的业务数据维度和数据系统，将足够的维度和财务结果产生动因纳入该基本框架。在该阶段会涉及大量的业务访谈、流程梳理、研发部门沟通等步骤。

在收入成本科目中，该公司的收入及成本均基于销售订单，订单数据中包括订单编号、单品销售价格、所属类别、销售期间等信息，另外，以销售订单编号为关联点，获取退货系统中单品层面退换货信息，这些信息将作为单品损益分析层面的主要维度进行数据取用。基于公司订单数据系统，可以获取某个期间的单品层面的收入数据；基于单品本身编码，可以获取库存系统中该单品当期库存成本；基于订单编号，可以获取订单中所使用的优惠券数据，并按照优惠券不同类别进行区分，非单品直接相关的优惠，如满减优惠，按照订单相关单品销售价格按比例进行分拆，得到单品间接销售优惠。

涉及系统：订单系统、优惠系统、库存系统。

单品收入 = 单品该期间销售收入 – 单品该期间退货支出 – 单品该期间直接 / 间接相关优惠券。

单品成本 = 单品该期间基于加权平均法得到的销售成本。

该自营电商公司的履约成本科目主要包括仓储成本、配送成本、售后成本三类。仓储成本主要包括当期租赁仓库支出租金或自建仓库当期折旧，以

及仓储人员相关人工成本。基于仓储管理系统中各单品当期的收货、储存、发货信息，可以获取当期各单品在库时长，并基于单品编码获取库存系统中单品基础体积信息。当期仓库租金或当期折旧基于当期在库单品在库时长及体积在单品中进行分摊。仓储人工成本基于仓储人工分工，主要负责上架的人工成本按照仓储系统当期各单品收货信息、收货数量及体积在当期上架单品中进行分摊；仓储捡货发货人工成本则按照仓储系统当期各单品出库信息、发货数量及体积在当期发货单品中进行分摊；仓储理货及管理人工成本则可类同于租金折旧成本分摊方式，按照当期在库时长及体积在当期各单品中进行分摊。此外，由于各单品未必各期均会出现销售，可能会出现部分单品分摊到仓储费用，但并无当期收入成本的情况。

涉及系统：库存系统、财务系统、薪酬系统。

单品仓储费用 = 单品当期仓库租金或当期折旧 + 单品仓储上架人工成本 + 单品仓储捡货人工成本 + 单品仓储理货人工成本。

配送成本同单品销售订单直接相关。配送成本主要包括干线运输成本及支线配送成本两类。干线运输成本同线路本身长度主要相关，同所配送的商品重量次相关。基于干线配送系统数据，当期该条干线运输线路成本、当期该干线运输线路实际运输单品距离及单品标准重量将当期该条干线运输线路成本分配至单品层面。支线配送成本包括配送车辆成本及配送人工成本等，其主要成本动因基本一致，同配送订单数量相关。支线配送的复杂程度较之干线配送更高，因此基于成本效益原则，选择配送系统数据中当期配送订单数量及重量数据为关键分配基础，将支线配送成本进一步分配至单品层面。

涉及系统：干线配送系统、支线配送系统、薪酬系统、库存系统、财务系统。

单品配送成本 = 单品干线运输成本 + 单品支线配送成本。

售后服务成本同售后服务订单相关，通常所提供的售后服务可以同单品直接相关，基于客服系统所记录的各客服人员当期完成的服务次数及所服务相关的订单信息，将提供的售后服务按次数分摊至单品层面。回退商品损失则基于各回退单品可变现收入扣减回退单品成本，直接记录于单品层面。

涉及系统：售后服务系统、薪酬系统、财务系统。

单品售后服务成本 = 单品售后服务成本 + 单品回退商品损失。

市场费用在该公司损益表中亦为重要科目，该费用记录至单品层面将涉及较多假设和估计。市场费用的投入类型多样且其投入多为未来收入而非当期收入，因此在基于企业会计准则将当期市场费用分配至单品层面时，将出现较多费用动因假设。市场费用可以大致区分为流量采购成本及整体品牌形象成本两个主要类型。流量采购成本其发生来源多样，有基于点击次数收费的，亦有按期间或者按曝光次数等方式收费的。从流量采购效果角度来看，流量采购成本与用户最终消费该单品有关，但其联系过程非常复杂，因此在流量采购成本中，视用户点击单品的结果为该流量采购成本带来的效果。基于上述分析，流量采购成本基于当期所有单品的页面点击分配至单品层面。另外，这里同样会出现某些单品当期有点击发生但无销售收入的情况。整体品牌形象成本主要为在媒体投放的广告或举办的活动等，其目的是维护公司整体形象和提高曝光率，该费用的产生同公司整体经营相关，因此将当期全部单品销售收入作为单品层面的分配基础相对比较公正。

涉及系统：流量数据系统、财务系统、订单系统。

单品市场费用 = 单品流量采购成本 + 单品承担整体品牌形象成本。

此外，损益表中如管理费用、研发费用等，同订单直接相关程度较低，同样假定关键费用动因，并基于关键动因将各项此类费用分配至单品层面。

至此，公司层面损益报表已分拆至单品，其应用则可分为不同层面。从公司管理者层面来看，公司管理可以主要关注异常报告及战略单品业绩表现，如当公司损益出现异常波动时，是哪些关键单品的何种因素导致的，并相应调整后续经营策略，或基于不同关键维度的分析结果，确立公司内部标准或寻找差距原因；从公司经营者层面来看，公司经营者可以进行日常关键单品业绩表现监控，基于 80/20 等原则，定义关键单品并监控其业绩表现变化趋势，当出现不利趋势时，适时调整经营方针；从公司业务人员层面来看，公司业务人员可以及时监控其管辖的单品情况，进行细节管理。企业管理会计团队可基于细化数据进行深入分析研究，向不同层面使用者提供目的不同的分析支持，亦可以将数据形成不同层面的展示报表，更为直观地提供给各层级使用者。

（二）第二阶段：产品生命周期下细化损益报表至单品层面

该阶段主要目标为在第一阶段的基础上，引入单品生命周期的概念，对于第一阶段所实现的财务准则口径下的单品损益，通过一定的管理调整，实现该单品在其生命周期下的损益分析。其同财务准则口径下的单品损益分析的主要区别在于，某些成本费用的项目并不按照财务准则的要求记录于费用发生的期间，而是体现在该单品实现销售的期间，该口径下的单品损益分析可以体现该单品从采购到销售最终实现的损益情况，从长期来看，其结果同财务准则口径下的单品损益结果亦趋同。要实现上述目标，则需将部分费用科目的计算逻辑进行调整，在财务准则口径下应记录于当期的费用，需按一定原则进行递延，将当期尚未实现销售的单品所应承担的费用，递延至实际实现销售的期间，下面以仓储费用为例进行说明。

仓储费用的发生同当期需存储的商品相关，而当期需存储的商品并非当期均实现了销售，当商品销售节奏波动较大的时候，财务准则口径下的当期损益在短期内可能会对该单品实际短期损益有一定的误导。

例如，单品 A 单独租赁一仓库进行储存，每月仓储租金 10 万元。单品 A 年初有 100 万件，1 月份销售 10 万件，2 月份无销售，3 月份销售剩余 90 万件，销售均发生在月末，销售毛利为每件 1 元（无其他收益成本费用）。在财务准则口径下，单品 A 的各月损益分别为 0 元、–10 万元、80 万元，每件销售损益分别为 0 元、0 元及 0.89 元。从短期角度来看，如按照该数据进行管理，单品 A 的损益情况分析可能对将采取的管理手段产生误导，即认为将产品延期销售可能取得的收益更优。但从产品生命周期角度来看，1 月份及 2 月份所发生的仓储租金中有一部分所储存的商品并未在当期实现销售，其对应发生的费用将递延至后续实现销售期间。在该原则下，单品 A 各月记入当期的仓储费用分别为 1 万元、0 万元、29 万元，各月损益分别为 9 万元、0 万元、61 万元，每件损益分别为 0.9 元、0 元及 0.68 元。对比上述两种结果可以看出，在财务准则口径下，每件销售损益看似是 3 月份最佳，而该结论可以推导出将商品留存至 3 月份销售会优于在 1 月份销售；而从产品生命周期的角度来看，1 月份销售的每件单品损益最高，商品通过长期储存，所负担的仓储费用随之增长，会抵消销售带来的利润。这一结论可以说明加快商品的周转有利于提高收益。基于该原则，仓储费用中单品层面的当期租赁仓库成本将基于单品在当期期末储存或销售的情况进一步拆分为两个部分，即记录于当期损益的部分及递延至下期的部分。

按照上述原则对各项费用成本进行递延确认后，则了解了产品生命周期口径下单品层面的损益情况，该结果对于一线业务人员的帮助将更为明显，在安排采购和销售节奏时可以参照该结果，如平衡考虑囤货所获取的收益是否能够抵消长期仓储带来的损益。公司管理者和经营者也可以通过监测期末尚在递延中的费用，了解已经发生但尚未得到弥补（即未销售前发生的持有成本）的费用情况，也可以对关键单品的情况进行监控及调整管理手段。

（三）第三阶段：产品生命周期下单品层面损益预测

在前述两个阶段中，所得到的数据产出均为期间数据，且为历史期间数据。作为管理会计，除了应及时准确地提供历史数据的分析支持，还应在预测方面为各报告使用者提供有用的数据支持。因此，该阶段的目标为在第二阶段的基础上，增加一些关键假设，最终产出时点下单品后续可能实现的损益情况。通过对关键假设的调整，各层级报告使用者通过预测结果的变化和倾向，相应调整实际应对战略，达到最优结果。关键假设主要包括产品性质、采购销售节奏、潜在收益成本等。通过这些关键假设的调整，企业可以预测在该时点、该假设的条件下，单品后期可能出现的损益情况。

例如某电子产品，其产品性质决定了其更新换代的速度很快，6 个月后的销售价格将可能出现明显降低，销量在 9 个月后出现明显下降。在引入该单品 3 个月末时，供货商提供了优厚的采购返利支持，公司在判断是否需要在此时点进行囤货时，可以基于上述假设条件以及该单品在过去三个月所发生的单品损益数据，预测后续期间该单品可能出现的损益情况。

在收入成本科目中，需输入销售节奏假设、单品平均成本变化假设以及价格变化节奏假设。销售节奏假设可以通过一定原则基于产品所属类别性质进行自动设置匹配，也可以进行人工调整以观察假设变化对结果的影响。单品平均成本变化假设主要为供货商提供潜在收益成本带来的相应影响，在前例中，即供货商提供的优厚的采购返利支持，如公司进行采购囤货，则可以取得该采购返利并拉低平均成本。价格变化节奏假设也可基于产品性质进行自动设置匹配或进行人工调整。

在履约费用中，仓储成本需要输入采购节奏假设，该假设结合销售节奏假设可以推导出库存变化假设。基于第二阶段实现的将单品层面仓储费用拆分至当期实现损益的单品单个成本和递延确认的单品单个成本，模拟得出在该采购销售节奏假设下，各期仓储费用的情况。配送成本则可基于前期实际的单件单品配送成本，得出在该销售节奏假设下，各期发生的配送费用的情况。售后费用、管理费用、市场费用等也可以参照前期实际数据，结合采购销售节奏假设，推算假设期间费用数据。至此所形成的单品层面数据产出同样可在不同层级和维度上进行应用，把握关键单品的预计损益，结合系统配合其他假设，预估后期整体损益情况，或基于后期整体损益预算安排，对关键单品调整经营战略，最终实现损益预算目标。

综上，在上述财务数据结合企业信息使用的过程中，企业管理会计团队需同各业务部门及研发人员充分沟通，以了解业务的流程、形成的相关数据、数据的内容和定义、数据的存储方式等，使用专业的数据研究工具，最终形成不同层级的数据分析报表及结果展示方式。基于不同企业的实际情况和数据资源，企业管理会计团队以财务视角为出发点，引入和关联业务关键的数据，将企业拥有的信息以财务的视角进行串联，站在企业整体的角度，利用信息分析和研究战略数据支持和应用，并反过来提升财务管理会计团队的能力，迎合信息趋势，与业务紧密结合，成为企业内部关键战略单元，这也将是企业管理团队未来的发展趋势。

第六章　信息时代企业人力资源管理

第一节　人力资源管理概述

一、人力资源与人力资源管理

（一）人力资源

康芒斯曾经先后于 1919 年和 1921 年在《产业荣誉》与《产业政府》两本著作里使用"人力资源"一词，但它与现在我们所理解的人力资源在含义上相差甚远。我们目前所理解的人力资源的含义是由管理大师彼得·德鲁克于 1954 年在《管理实践》中首先提出并加以明确界定的。他认为，人力资源拥有当前其他资源所没有的素质，即"协调能力、融合能力、判断力和想象力"；人力资源是一种特殊的资源，必须通过有效的激励机制才能发挥作用，并给企业带来可观的经济价值。1965 年，雷蒙德·迈勒斯在《哈佛商业评论》上发表了一篇论文，使"人力资源"这一概念引起了理论界和管理者的关注。广义的人力资源指一个社会具有智力劳动能力和体力劳动能力的人的综合，包括数量和质量两个方面。数量是指具有劳动能力人口的综合数据，一个国家除了没有劳动能力的人外，其他都是属于有劳动力的人，这样加在一起就是一个很庞大的劳动力人数；质量是指劳动力的工作能力、学历、教育、技能、经验等各个方面，越是高质量的人，创造的价值就会越高，而且在经济发展上的推动力就越强，所以上到国家下到企业，都会非常关注人力资源，对劳动力的质量要求很高。狭义的人力资源指组织所拥有的用以制造产品和提供服务的人力。人力资源对经济发展起着生产性的作用，并且是企业经营中最活跃、最积极的生产要素。人力资源包含了人的现实的劳动能力和潜在的劳动能力。人的现实的劳动能力是指人能够直接迅速投入劳动过程，并对社会经济的发展做出贡献的劳动能力。也有一部分人，由于某些原因，暂时不能直接参加特定的劳动，必须经过对人力资源的开发等过程才能形成劳动能力，这就是潜在的劳动能力。对儿童进行培养，使之逐步在体力和智力上形成劳动能力，旨在将来作用于社会经济发展的过程，这就是潜在人力资源的开发过程。对文化素质较低的人进行培训，使其具备现代生产技术所需要的劳动能力，从而能够上岗操作，这也是潜在人力资源的开发过程。

作为一种特殊的资源形式，人力资源具有不同于自然资源、资本资源与信息资源的特点。第一，人力资源具有时效性，它的开发和利用受时间的限制；第二，人力资源具有能动性，它不仅是被开发和被利用的对象，还具有自我开发的能力；第三，人力资源具有两重性，它既是生产者又是消费者；第四，人力资源具有智力性，它能够得到积累、延续和增强；第五，人力资源具有再生性，通过人口的再生和劳动力的再生产的过程，总量有可能增加；第六，人力资源具有延续性，使用以后还能够继续开发；第七，人力资源具有时代性，随着经济发展水平的提高，人力资源的质量也会随之发生变化。

（二）人力资源管理

人力资源管理是指企业的一系列人力资源政策以及相应的管理活动。在企业发展过程中，人力资源管理是其重要的资源，也是核心竞争力。一个企业是否能够在激烈的市场竞争中脱颖而出，往往取决于企业是否拥有专业的人力资源。随着市场环境的不断变化和发展，对企业人力资源管理的要求越来越高，人力资源管理成为企业提升市场竞争力的重要保证。因此，如何建立完善的企业人力资源管理体系，充分发挥人才的能力与智慧，为企业发展注入力量，成为现代企业管理者需要重点思考的问题。

从概念上讲，人力资源管理是对人力资源进行有效开发、合理配置、充分利用和科学管理的制度、法令、程序和方法的总和。从实际操作上讲，人力资源管理是在经济学与人本思想指导下，通过招聘、甄选、培训、报酬等管理形式对组织内外相关人力资源进行有效运用，满足组织当前及未来发展的需要，保证组织目标实现与成员发展的最大化。1954年，彼得·德鲁克第一次提出"人力资源"这一概念。1958年，怀特·巴克出版了《人力资源职能》一书，首次将人力资源管理作为管理的普通职能加以论述。1981年，戴瓦纳第一次提出将人力资源提升到战略高度，并对战略人力资源进行了明确的界定。他认为，战略人力资源就是企业在人力资源管理中的一切行为，而这些行为始终与企业发展息息相关，所以人力资源管理应该是企业发展战略中的重要环节，人力资源的发展与企业的发展成正比，只有对人力资源进行有效的配置，才能使企业实现战略目标。

人力资源管理是企业管理中非常传统的管理内容，在任何企业中都存在人力资源管理工作与相应的管理结构，因为实现企业经济价值的重要方式就是通过人才招募与合理化安排来为企业生产、管理提供人力资源，使企业发展得更加健康。而在现代企业管理工作中，人力资源管理的概念与管理模式更加科学，企业通过人员招聘、面试等方式招揽、辨别人才，而后通过人才培训、晋升、发展等安排对人力资源的优势进行发掘与拓展，使企业中的人力资源得到最大化利用。任何企业要想发展，都必须做好人才管理，因为现代企业还没有完全实现智能化生产，企业的生产与管理工作归根结底还是要由人来完成的。企业进行科学、高效的人力资源管理就是提升企业生产要素中人的能力，同时人力资源管理工作可以通过一系列的宣传、培训、座谈工作向企业员工灌输企业文化，使企业员工更具向心力，企业也就能够更好地发挥核心竞争力。

二、人力资源管理的目标

人力资源管理的目标是指企业人力资源管理需要完成的职责和需要达到的绩效。人力资源管理既要考虑组织目标的实现，又要考虑员工个人的发展，强调在实现组织目标的同时，促进个人的全面发展。

（一）人力资源管理的核心目标

支持企业战略发展是人力资源管理的核心目标。人力资源部门利用核心竞争力方法，协助企业高层评估战略方向，制定企业战略规划；人力资源部门利用平衡计分卡方法，将企业的战略经营目标转化为人力资源目标，保障实现流程指标和顾客指标，最终实现企业的财务指标。人力资源规划本身就是企业战略规划的组成部分，是一个企业人力资源数量、质量和人才结构的战略规划。人力资源通过不断招聘、培训、吸收优秀的人才，为企业战略的实现提供人力资源保证。人力资源部门应根据员工的个人能力，设计职业发展路径，并制订员工的培养计划，把员工的职业生涯规划融入企业的战略发展中，增强企业人力资源的活力，使员工在实现自身价值的同时，推动企业战略目标的实现。人力资源管理还可以通过界定和考核的方式，保证某阶段战略业绩的完成，同时通过薪酬管理的刺激，增强企业的竞争力，促进企业的战略发展。

（二）人力资源管理的具体目标

1. 经济目标

优化人力和物力的资源配置，将人力与物力有机地结合起来，充分发挥其最大效益。

2. 社会目标与个人目标

培养具有强技能、高素质的创新型人才，提高企业团队的综合实力，促进企业的发展；促进经济的发展；通过实现员工的价值，实现企业的价值，通过实现企业的价值，促进民族、区域、国家的繁荣发展，提高社会生产力。

3. 技术目标

根据时代的发展，借鉴最新的技术手段和方法，创新人力资源管理的技术，提高人力资源的管理水平。

4. 价值目标

通过合理的开发与管理，建设精干、高效的职工队伍，用最少的时间、最低的成本创造出最大的价值。

三、人力资源管理的功能

人力资源管理的功能包括获取、整合、调控、保持、开发五个方面，五个功能相辅相成、相互作用。根据它们的性能，可以分为功能性管理和支援性管理，功能性管理用来完成人力资源管理的任务，如人力资源管理部门通过招聘、甄选、培训，把合适的人放在合适的岗位上；支援性管理主要是用来辅助并保证功能性管理的实施，如职务分析为招聘提供招聘目标，即企业需要什么样的人，员工评估为人力资源的奖惩、晋升等提供依据。

（一）获取

企业的人力资源管理部门会根据企业的组织结构和发展要求制订与企业发展相适应的人力资源需求和供给计划，在确定企业所需员工的条件后，有针对性地开展招募、考核、培训、选拔，为企业的经营运作挖掘合适的人才。

（二）整合

通过企业文化的打造、信息沟通、和谐人际关系的打造、矛盾冲突的化解等使员工与员工之间可以和睦相处、协调共事，从而提高企业的凝聚力；企业与员工之间的目标、行为、态度统一化，提高企业的管理水平、生产率和竞争率。这个整合过程是员工与组织、个人认知和组织理念、个人行为和组织规范的同化过程。

（三）调控

对员工实施合理的、公平的动态管理是人力资源管理调控功能的体现，它包括工作评价、绩效考核、满意度调查等。通过对员工的技能水平、工作态度、劳动成果等方面的考核、鉴定做出全面的评估，根据评估结果做出相应的奖惩（如晋升、降级）、调动、去留等决策。

（四）保持

根据员工为企业做出的贡献，对其给予奖酬、考核和晋升的过程是人力资源管理保持功能的体现。通过激励的方式公平地向员工提供合理的与他们各自的贡献相称的工资、奖励和福利，使员工保持对工作的积极性，激发员工的创造性。此外，企业还应该主动维护员工的合法权益，给员工提供安全、健康、舒适的工作环境，从而增加员工的满意度，提高工作绩效。

（五）开发

这里的开发功能包括广义和狭义两个方面，广义的开发是指对企业人力资源的开发，它体现在企业人力资源的数量和质量上，一般通过招聘、培训等实现；狭义的开发是指对企业员工素质、技能的培养与提高，使他们的潜力得到最大的发挥，最大限度地实现员工的价值，提高其对企业的贡献率，促进员工和企业的共同发展。

四、人力资源管理的特征

（一）实践性与综合性

人力资源管理的理论来源于企业经营活动中的管理实践，是企业管理中经验的概括和总结。随着互联网的发展，新技术对人力资源管理提出了新的要求，我们要不断创新人力资源管理，同时还应该借鉴其他企业、其他地区甚至是其他国家成功的管理经验，结合自身企业的实际情况，解决企业发展中出现的问题，并建设适合且带有自己企业管理特色的人力资源管理体系。人力资源的管理需要考虑很多因素，如政治、经济、文化组织、心理、生理、民族等，所以人力资源管理具有综合性。

（二）发展性

任何一个理论都是经过漫长的发展逐渐形成的，各个理论体系都不是封闭和静止的，而是开放和发展的。人力资源管理的发展可以分为三个阶段：第一阶段是古代人事管理思想部分（包括中国古代人事管理思想和西方古代人事管理思想），以量的管理为主，不系统；第二阶段以泰勒、法约尔、韦伯为代表，以"经济人"假设为基础，以效率为中心，把人当作物去管理，管理的重点是量上的科学管理思想；第三阶段是把科学管理与行为科学结合，以"社会人""自我实现人"假设为基础，以人为中心，将量与质并重地管理人力资源的现代管理思想。

（三）民族性与社会性

现代经济是社会化程度非常高的经济，在影响劳动者工作积极性和工作效率的诸要素中，生产关系和意识形态这两个重要因素是与社会制度密切相关的。人的行为深受思想观念和感情的影响，而人的感情一定会受到民族传统文化的影响。因此，人力资源的开发管理带有鲜明的民族特色。此外，作为宏观文化环境的一部分，社会制度是民族文化之外影响人力资源管理的另一重要因素。如美国和日本都是资本主义国家，但两国在人力资源管理方式上的差别就很大。因此，人力资源的开发管理又带有明显的社会性。

第二节　信息时代人力资源管理相关理论

一、人本管理理论

人本管理指的是以人为核心、为根本的管理思想，主要讲的是在企业管理的复杂环境中，承认人在企业发展过程中发挥的重要作用，人是企业发展过程中最重要的资源。人本管理理论是与传统管理理论有着本质区别的一种管理理论。传统管理理论一般将人看成是一种工具或者经营获利的手段，而人本管理理论则深刻地认识到了人作为各种经济活动的主要参与者，在经济运行中起到的重要作用。人本管理理论认为，通过对人力资源的管理，能够更好地实现企业的战略目标，在充分发挥人的主观能动性的前提下，使企业与个人实现双赢。企业的经营和发展都离不开人的配合与组织。人本管理是企业提升核心竞争力的关键方法，这种管理理念不仅可以应用到事业单位、政府机关中，还可应用于各类企业中。在现代企业的发展过程中，国内企业开始不断转变传统以物为中心的管理理念，无论是企业事务的开展，还是企业内资源的配置，都是人在其中发挥核心作用。因此，人力资源作为企业三大资源的核心要素，它的作用不容忽视，将人本管理理念运用到企业管理中，能够将人在企业中的作用最大化地体现出来。

人本管理包含两方面的含义：一是企业是由人构成的，企业内所有类型的活动都是以人为主体而开展的，而且人在企业管理过程中承担着决策制定、发布、控制等重任，如果忽视了人在其中的重要作用，企业的经营活动将难以得到有效的开展；二是人本管理作为一种管理思想，不仅要渗透到管理者的管理理念中，更重要的是，还要以这种管理理念指导企业其他活动的开展，从而更加有效地提升企业的执行效率。以人为本的管理理念突破了原有物质激励与精神激励的范畴，要求管理者将员工看成是与自己地位平等的"人"，设身处地地了解个体在工作、生活等各个方面的目标。该管理理念主要的特点是"尊重"，只有充分尊重企业的员工，才能同时赢得员工的尊重，而尊重也逐渐成为这些企业的文化特征。

二、激励理论

激励是人类社会特有的通过各种方法激发潜能、提高工作质量的一种方式。激励是指企业或者组织通过制定外部奖励或者惩罚的方式激发、引导、保持和规划组织内部成员的行为，使其行为与组织的目标保持一致，进而使整个组织内部保持一致。激励理论是当前影响最大的管理理论之一，被誉为"最伟大的管理原理"。激励理论诞生于 20 世纪 50 年代，随着时间的推移，其内容逐渐丰富，体系逐渐成熟，形成了完整的激励结构，从内容激励和过程激励两方面设计行为激励结构。

（一）激励理论的类型

1.内容激励理论

内容激励理论主要是研究人们的心理需求和诱因等内容，并确定激励机制，具有代表性的理论有马斯洛层次需求理论、激励保健理论等。激励理论学者认为，有效的激励措施必须根据员工需求的结构层次，设计层级化激励结构，有秩序地对员工的生理需求、安全需求、归属与爱的需求、尊重需求以及自我实现需求进行有效激励。激励保健理论则强调保健需求（工作环境、稳定性、公司政策、管理质量等）和激励需求（责任和成就、个人成长机会、晋升机会、认可等）的同时满足，只有满足这两种需求，才会对员工产生激励作用。自然，管理者应该着力于工作环境、就业稳定性、质量、责任、成就、机会、晋升与社会地位认可等方面的激励。

2.过程激励理论

过程激励理论侧重于研究动机行为与行为目标的选择全过程，最具有代表性的成果有弗鲁姆的期望效应和亚当斯的公平理论。在激励结构方面，前者主要关注努力、绩效与奖励之间的关系，后者主要强调报酬的相对公平性。这两大理论都认为，企业激励的最重要作用就是通过对员工目标行为选择过程施加纠偏影响，使员工能在满足自身需求的行为中，实现其与组织预期行为的一致，保证过程激励、期望实现与企业预期目标实现的一致性。在企业人力资源管理过程中，管理者普遍运用内容激励与过程激励理论提高人力资源管理效率。

3.行为改造理论

行为改造理论主要是指员工本身对自己的行为进行改正，这样可以达成激励员工工作和提升企业管理效率的目的。斯金纳理论是非常典型的行为改造理论。斯金纳理论认为，人的行为是对人们被外界影响的映射。在外界影响对企业员工有好处的时候，员工就会一直重复这个动作；但是当外界的影响对企业员工没有好处的时候，企业员工的行为就会改变。

根据这一理论，在激励企业员工工作时，企业管理者要想办法减少企业员工的低沉情绪，努力增强员工积极工作的意识。

（二）激励理论在人力资源管理中的作用

健全的激励理论能够充分激发员工的内在潜力，科学合理地配置人力资源，不断优化人员结构。从一定意义上来讲，如果人处于较为激烈的竞争环境中，充分立足于激励制度和机制上，能够发挥出的内在潜力是最大的；反之，如果人一直处于较为安逸的环境中，很难会激发自身的潜力。基于此，可以看出，激励理论的灵活运用能够促使一个人的工作状态达到最佳，使其能够完美地完成相关工作，并且通过这样的方式，也能使企业充分意识到不同的人具备不同的品性和优势，从而逐渐优化人员配置，对企业的人力资源进行科学合理的优化配置。

激励理论在刺激人力资源合理配置的同时，还提高了员工的素质，加强了组织的凝聚力。社会中的每个人都具有自身的价值和存在的意义，在企业管理中如果有效运用激励理论，则能够在一定程度上充分实现员工的价值。通过这样的方式，能够将所有的员工结合在一起，形成企业的凝聚力和向心力，朝着企业的目标不断前进，为企业做出更多的贡献，推动企业的可持续发展。激励理论的充分灵活运用，一方面可以满足企业员工的内部交流和社交需求，改善员工之间、领导与员工之间的关系，创造和谐健康的工作环境和工作氛围，增强员工的自信心；另一方面还能在一定程度上体现出对员工劳动成果的尊重，在员工内部形成一定的信任与支持。

三、转型理论

转型是指顺应外部环境的变化，从自身因素出发，对未来的发展做出正确的策略规划，使自身的条件与外界的发展和外部条件融为一体。变革理论与发展理论一脉相承，客观上讲，转型是发展的前提，无数事实证明，因循守旧只能带来消亡，只有跟上时代变革的脚步，才能使自身始终处于发展过程之中。转型是社会前进、经济发展的内在动力，我国的基本国策——改革开放就是在转型理论支持下实现的伟大举措。转型理论既可以在微观上指导企业的发展，也可以从宏观上指导国家的发展，进而促进微观与宏观上的统一发展。

为顺应时代发展趋势，企业应该做好面对人力资源管理新挑战的准备。人力资源管理者必须转变视角，结合企业的业务和员工的特点，提高人力资源管理水平，实现企业人力资源管理"互联网+"的转型，进一步实现我国企业向"互联网+"的转型。人力资源具有高增值性和不可替代性，人力资源管理工作在各企业的发展过程中发挥了举足轻重的作用。为了做好企业人力资源管理的改革创新工作，形成创新型的人力资源管理模式，就必须突破传统人力资源管理模式，结合企业实际情况和各个岗位工作性质特点进行有目的、有针对性的人才管理分配，做到人尽其才，发挥优秀人才的最大潜力，以公平公正、科学合理的管理理念做好企业的人力资源管理模式的转型工作和研究。互联网时代技术的变化、人的变化、信息传播速度的变化、核心资源的变化、思维的变化等都给人力资源管理带来了新的挑战和发展机遇。

第三节　信息时代人力资源管理的发展

一、传统人力资源管理与信息时代人力资源管理的区别

首先，传统人力资源管理以政府或者企业的劳动人力部门为重心，特别是在我国计划经济时期，人员的配置是由政府来完成的，地方企业与个人处于服从的、被动的地位。这种人事管理是相对稳定的，与计划经济体制相适应。这种管理模式曾有利于中央和地方政府集中有限的人力、财力搞建设，为社会发展打下坚实的物质基础和技术基础，对国民经济的恢复发挥了积极作用。传统的人力资源管理强调听从安排，否定个人的需要和个性，扼杀了劳动者的积极性和创造性，极大地束缚了生产力的发展。而在"互联网+"背景下，人力资源管理是一种有关资源配置的战略管理活动，更加重视整个社会人力资源的供需平衡和协调发展。"互联网+"时代背景下，人力资源部门积极与其他部门相协调，共同为企业创造效益。它强调以人为中心，除具备传统人事管理的内容外，还具有工作设计、规划工作流程、协调工作关系等职能。与传统的人事管理相比，"互联网+"背景下的人力资源管理是

一种更深入和更全面的新型的管理形式，企业和应聘者拥有更多的自主性。

其次，传统人力资源管理将人员招聘的权利全部交由企业高层，高层根据企业发展的需求制订相应的招聘计划，同时对应聘者进行审核。人力资源的权利集中在企业管理者的手中。"互联网+"背景下的人力资源管理使人力资源管理者拥有更多的权利，能够为企业的人员招聘提出更加合理的建议。传统人力资源管理者在沟通和招聘过程中，很大程度上依赖熟人的介绍，自己能够主动获取的招聘信息较少，所以导致我国很多家族企业的出现。如今，互联网招聘给企业和用户带来了很多的方便。网络招聘的优势就在于其方便、快捷，且信息量较大，企业可根据不同部门的不同要求，在互联网上进行模块分类的招聘。这样不仅使企业能以最快速度找到与自身要求相符的员工，还为应聘者提供了一个方便的应聘平台，从而在招聘过程中提升双方的效率。

最后，"互联网+"背景下的人力资源管理培训方式与传统人力资源管理的培训方式也有很大的区别。传统人力资源对人员培训的方式由于时间、交通的限制，一般都是选定一段时间，把员工集中到室内或室外进行，需要花费大量的人力、物力和财力。"互联网+"背景下的人力资源管理培训是传统课堂教育的延伸，也是与现代新技术、新理念结合形成的新模式，打破了传统培训的限制，可以利用电脑和互联网随时随地地对员工进行培训，减少了员工在培训过程中的各项支出。通过互联网，企业可以在企业文化、知识技能等方面对员工进行及时的、有针对性的培训，使员工提高对变化的适应能力，成为学习型的人才，进而保证其终身可持续学习。

二、信息时代人力资源管理的特征

"互联网+"时代的人力资源管理顺应互联网开放、平等、协作、共享的时代特征，运用互联网的思维对传统人力资源管理进行理念、模式和方法的创新。因此，"互联网+"时代的到来赋予了人力资源管理新的特点，人力资源管理者的角色定位、基本工作方法都发生了很大的变化。

（一）人力资源结构多元化

在"互联网+"背景下，人力资源的结构会不断优化，人才的发展目标是高层次和专业化，而对于企业来说，想在激烈的市场竞争中占有一席之地，在很大程度上需要依赖大量的专业性人才和中高层管理人才。在当前经济发展背景下，受过高等教育的人才数量逐渐增多，这些人才大多有着良好的知识储备和多元化的价值取向，也更具多样化特征。

在我国目前的企业当中，特别是互联网企业和新媒体企业中，"80后"甚至"90后"员工已经成为企业的主力军，一部分"90后"员工甚至进入了管理层。以"80后"和"90后"为代表的企业新生代员工，受到新兴事物与社会环境的影响，其价值观念体系、行为准则等更加多样。因此，企业当中的"80后""90后"员工和"老前辈"们在思想观念和行为等方面均有着鲜明差别，而随着此类员工数量的不断增多，传统的人力资源管理规则也发生了新变化。随着经济的发展，我国GDP增长速度一直处于世界领先水平，这就使我国吸引了大批的国际人才，这些国际人才将一些国外的先进技术和先进经营管理理念带到我国企业，有助于企业自身的进步。同时，国际化员工也能够帮助企业了解并拓展海外市场，提升产品在整个国际市场的占有率。

（二）人力资源潜力关键化

在以往的增长模式中，生产要素占据着无可比拟的重要地位。受此影响，企业同样要求内部人力资源具有良好的体力、丰富的工作经验、扎实的知识和高超的技能，因此在招聘过程中，其往往更加倾向于录用拥有众多技能证书且专业对口的高学历人员，并将其视为企业宝贵的人才。随着信息时代的到来，互联网与传统行业相融合，两者的界限越来越模糊，传统行业的生产模式和经营模式不断创新。如果企业在发展过程中仍旧依赖过去的生产方法和管理经验，则不能够适应互联网时代的发展，在这一时期只有注重对互联网人才的培养，使其顺应时代发展的需求，才能在竞争中立于不败之地。

科学技术的不断创新，使人类的生产与生活方式发生了巨大变化，与此同时，各类新兴产业也如雨后春笋般迅速出现，彻底改变了传统的产业模式，各产业之间相互融合，原本泾渭分明的各个产业之间的界限也越来越模糊。商业模式和产品服务在不断创新，完全依赖过去的知识经验，企业已经难以解决其现阶段面临的发展问题，因此人力资源成为企业最为重要的资源。

（三）人力资源流动化

人力资源流动是指人力资源在不同国家、地区、城乡或行业、企业之间进行的流入或流出，可以划分为宏观人力资源流动和微观人力资源流动两类。其中，宏观人力资源流动主要是指人力资源在国家之间、国家内部地区之间、国家内部城乡之间的流动；微观人力资源流动则主要是指人力资源在不同行业之间、企业之间，或企业内部所发生的流动。在我国前几十年的发展中，人力资源的流动具有十分显著的特征，主要是由经济不发达的内陆地区向经济发达的沿海地区流动，特别是向北京、上海、广州、深圳等地的区域性流动特别明显，而这种流动大部分是以农民工为代表的从业人员的流动，工作稳定且有保障的公职人员和国企员工则很少出现流动情况。

随着我国社会经济发展水平不断提高，人民对生活的保障和个人的保障方面的需求变得更加强烈，市场经济体制的深化改革对政府职能的转变产生了很大的影响，政府从对基础建设投入转向对人民社会福利的保障。近几年，政府通过民意调查制定了关于提升各行各业薪酬待遇、提高人民社会保障福利的法律法规和相关政策，以保障弱势群体的基本生活，这就使人们不再追求进入体制内部工作，转而追求在收入更高、与自身专业相关的行业和领域内的工作。

在我国产业结构不断优化调整的过程中，传统产业逐渐走向没落，大量新兴产业迅速出现，在推动技术创新和企业变革的同时，也使工业制造等各领域越来越现代化、智能化。尤其是以物联网、互联网等为代表的新兴产业，发展速度逐渐加快，使外部环境发生剧烈变化，大大增加了人才的流动性。企业只有不断进行战略性调整，保留最专业、最优秀的员工，才能在互联网时代下实现稳健发展。

受到计划生育国策的影响，以"80后"和"90后"为代表的企业新生代员工大多为家庭中的独子、独女，在社会经济持续发展的过程当中，其家庭条件得到极大改善，同时劳动法规的日益完善以及对企业员工各方面保障力度的不断加大，都使"80后""90后"跳槽率极高，企业人员流动可预测性较差，对企业人力资源管理水平的提升不利，因此企业人力资源管理者应重视当前经济背景下人员的流动性问题。

三、"互联网+"人力资源管理的创新方向

（一）树立人力资源管理的"互联网+"思维

互联网时代要求广大的企业管理人员对这一时代的发展趋势有更为深刻的认识，从而形成先进的思想，树立先进的理念，用更加积极的态度实现先进技术与人力资源管理工作的融合。首先就要形成人力资源工作系统的、开放的战略性思维，以此来帮助企业顺应互联网时代发展的要求，实现人力资源管理上的创新。互联网不仅可以为企业人力资源管理工作的沟通提供便利、快捷的平台，同时还能够优化人力资源管理工作的各个环节，如招录人才科学化、薪酬设计合理化、绩效管理规范化以及员工职业生涯规划个性化。企业在发展的过程中要想与时俱进，就一定要牢牢地把握住时代发展的趋势，树立人力资源管理的"互联网+"思维，利用互联网各大社交平台，将数据整合管理以及个性化宣传转变为创新人力资源管理的有效途径，以此来提高企业人力资源管理效率和管理水平，并在此过程中充分实现企业人力资源的个性化管理，同时也能够有效增强企业的凝聚力，并为人力资源管理工作提供有力的技术支持。此外，人力资源管理"互联网+"思维的树立也需要微信、微博等网络媒体的支持与配合，以充分激发企业全体员工以及客户的参与兴趣，努力让企业的人力资源管理体系不断地向包容性和开放性以及科学性方向发展。

（二）建立以信息技术为支撑的人力资源管理体系

企业人力资源体系的建设从宏观意义上来说是对企业发展的方向性指导，从微观意义上来说是对企业内部的完善和优化。在人力资源管理方面，传统落后的管理理念已经无法满足当今社会经济的发展需要。为了有效解决这一问题，企业需要发挥互联网的优势来优化与完善人力资源管理体系，并坚持在"以人为本"原则的基础上优化人力资源管理模式，提高企业的整体发展水平。一方面，企业要客观、全面地量化企业内部具体的工作情况，严格落实人力资源管理制度，通过规范化与流程化的工作方法来合理构建信息化水平较高的人力资源管理体系，根据岗位的要求来培养专业型的人才。另一方面，企业要统筹全局，进行整体的规划，通过合理地投放人力、物力以及财

力，尽最大的努力，优化人力资源管理工作中各个环节的资源软件，以此来确保互联网数据的准确性和时效性，同时也要加大对企业内部人力资源的管理力度，提高企业人力资源管理的有效性。日益成熟的信息技术是"互联网＋"时代的重要支撑。要结合整个"互联网＋"时代中的信息化环境，明确企业的发展方向和战略规划，在信息化环境中，结合企业自身实际，制定企业的发展目标，并建立人力资源管理信息系统，将管理数据与信息技术相融合，通过虚拟系统平台来诠释人力资源管理内容、工作流程，为其他管理人员提供相关服务，并为企业战略目标的实现提供可靠的决策支持。

（三）重视对人才的培训

企业在招进合适的人才后，应组织开展培训工作。"互联网＋"时代，企业在开展培训工作时，应将传统的事无巨细的培训方式转变为有针对性的培训，针对每个人、每个节点提供有针对性的引导和帮助。引导员工做好自己的职业生涯规划，立足于企业发展的实际情况，根据企业现有的人力资源培养计划，帮助员工确定符合自身实际情况的职业发展方向与目标。值得一提的是，培训员工对企业的忠诚度至关重要，包括对组织、对职业、对专业的忠诚。在"互联网＋"时代，企业的人才流动性非常大，为了提高员工的归属感和忠诚度，管理层往往会通过建立企业文化、引导员工树立正确的价值观来增加员工归属感、增强团队凝聚力。这些做法虽然取得了一定的成效，但长期效果不佳，所以企业管理层应认识到，人才的忠诚不仅是对组织的忠诚，更多的是对职业、对专业的忠诚。因此，企业在培训中应增设如下内容：让员工自己培训自己、自己介绍所做的工作。如此一来，传统的"一人讲、众人听"的培训模式将转变为平等交流、相互学习的模式，让每一个员工都认识到传统的网状中心作用将一去不复返，每个人都是中心，也都不是中心，从而使企业的内部组织朝着去中心化、去核心化的方向发展。

此外，还要加强人力资源培训的信息化建设。信息化的人力资源培训将是未来企业培训的发展方向，传统的人力资源培训方式不但会浪费大量的时间，而且不利于提高员工参与培训的积极性。在信息化条件下，企业的人力资源培训工作可以电脑的形式开展，也可以手机的形式展开，不但方便，而且打破了培训场地的局限性，在任何时间、任何场地都可以对员工进行培训，同时可以有效提高员工的参与积极性，也能体现人力资源管理工作的人文关怀。培训人员可以通过手机或者电脑等信息化手段找到当下人力资源培训中最新的培训内容，从而与当前发展形势接轨，让企业的人力资源培训始终具有前沿性和生命力。

（四）薪酬、激励机制和绩效考核方式的创新

员工的薪酬福利实行公开、透明的管理，体现了公平，可以有效提升员工对企业的忠诚度。在很多的企业中，员工已经可以利用互联网在线上查询自己的薪资，实现员工薪酬报表分析与外部的薪资调查对比。人工进行薪酬计算费时费力，准确性差，应用"互联网+"可以使薪酬管理服务高效、准确，使人力资源管理效率提升，员工满意度也因此得以提高。建立合理的薪酬和福利制度，通过互联网线上管理，采取宽带工资制，使企业薪酬对外有竞争优势，对内又合乎公平、公正的原则。对于个性突出、有特殊需求的员工，可以配合弹性要求，在完成工作的前提下，放宽对其的考核标准。网络在线系统使绩效管理工作更加完善，改变了因原来评估标准过于繁杂而使管理效果较差、工作效率低下的局面，采用此系统，能及时地发布企业目标，有利于各部门进行调整并制定出绩效考核目标，并将此目标及其实现方式转发给所有员工，让员工每日进行工作汇报，并利用各种网络交流平台让员工充分参与，积极献策。采用网络在线系统，能按时对员工进行素质及技能方面的考核，并通过该系统对员工的各项考核因素（出勤、工作量、平时考核等）进行综合分析，及时为公司的管理决策提供依据。同时，通过网上预约系统还能对员工进行线上面谈，进行工作分析和绩效考核的评定。这使人力资源的管理工作更加高效、科学、具体，减少了员工之间的摩擦，更加人性化。

（五）创新企业个性化组织结构，重视员工的价值体验

一个企业如果重视员工的价值体验，就会在员工价值开发过程中根据企业实际的发展需要来合理构建人力资源发展战略，并为企业内部的全体员工提供一个良好的发展平台，以此来实现企业和员工共同进步的发展目标。在"互联网+"大背景下，便捷性、多元化的技术平台不仅可以有效增强企业人力资源管理方式的灵活性和多样性，同时还能够及时、准确地反映企业员工的观点与价值需要，有利于企业通过对大量信息数据的分析与处理来更

好地掌握客户需求以及市场动态。另外，企业要想真正地重视员工的价值体验，充分发挥员工的价值创造能力，就一定要打造具有人性化和个性化特征的组织结构，以此来有效拓宽企业、员工以及客户三者之间的互动渠道，把员工当作人力资源管理的客户，确保员工能够在网络化的互动组织结构中成为体验产品和服务的参与者，并能够影响到企业产品项目的开发和服务决策。与此同时，在今后的发展过程中，企业的人力资源管理各个环节的组织结构一定要实现科学化、人性化与网络化的高度融合。

四、人力资源管理生态体系

互联网思维下的人力资源管理的本质就是管理资源生态圈，而企业的资源生态圈是由企业价值链多个环节各自的资源生态圈构成的，如基于企业的大资源生态圈体系催生出人力管理的生态体系。管理企业资源生态圈就是促使企业资源生态之间的互联，实现良性、快速、高效的运转。在互联网思维下，人力资源生态体系是企业与资源之间的纽带，使企业与资源的诉求无间隙地连接在一起，为企业快速发展、快速响应用户需求提供最合理的资源配置。人力资源生态体系必将成为企业发展的强大助力，如何驱动资源人在生态体系中快速地发展壮大，是人力资源管理需要攻克的一个堡垒。

有的学者认为，人力资源管理生态系统关注的主要问题就是如何构建合理有序的内外环境关系，并保持系统内部及其与外部环境之间物质循环、能量流动和信息传递的正常化与高效化。根据人力资源管理环境的不同，可以将人力资源管理生态系统分为狭义和广义两个层次。狭义层面的人力资源管理生态系统是基于管理绩效最优化，有机组合人力资源管理主体、客体、内容、手段和方法等要素的系统化过程，或是打造一个有利于人力资源管理的系统整体，这个系统整体的支撑条件、要素主要来自企业内部。广义层面的人力资源管理生态系统是指建立在人力资源管理内外环境协同共生基础上的具有特定结构关系、功能形态和价值指向的有机系统。可以将人力资源管理生态系统的构建主体视为"系统动力因子"，构建主体通过营造或创设人力资源管理内外环境联系的渠道、环节和平台，实现人力资源管理内外环境及其要素组合的最优化和人力资源管理的绩效化。互联网思维下人力资源管理生态体系由以下几个方面组成。

首先，明确企业与用户的关系，只有时刻以用户为重的企业，才能明确企业资源生态圈的核心价值，从而从用户需求出发，根据需求的不同快速变换产品策略，适应并把握市场动态。从这方面来看，用户是企业的驱动力，是企业保障用户需求得以满足的基础。

其次，企业要想快速把用户需求变成产品，就需要快速整合一流资源，提升产品的响应速度。只有速度最快的产品，才能引领用户需求。这就要求企业具有丰富的生态资源。

再次，对企业生态资源的管理最终要落到人力资源管理上，这就要求人力资源管理不再是管企业人，而是要管理社会化的资源人，把社会化的资源人快速配置到企业需求的合适位置上，这才是人力资源管理生态体系的核心工作。聚合在企业周围的资源不是固定不变的，如果资源是固定的，企业即便是获得了一时的成功，也不可能持续领先。因此，对人力资源的管理体现在动态优化上，是一个持续的过程。这就要求人力资源管理生态体系不是一个静态的体系，而是一个动态的体系，一个不断进行的自身优化与外部资源优化相结合的生态体系。

最后，明确资源人的构成，也就是要明确人力资源管理生态体系的成员是谁，人力资源管理到底管谁。生态体系的构成有两部分，一个是人，一个是资源，合称为资源人。人不是狭义的企业人，而是广义的社会化人，只要是对企业发展有支持的人都可以成为企业的资源人，如用户、设计师、学生，甚至儿童都可以，只要他们愿意为企业付出自己的努力。资源也不再是狭义的资源，而是广义的社会化资源，并不一定别家公司的资源就不能够为我所用。例如，奔驰、宝马可以为企业提供机械科技支持，微信、微博可以为企业提供用户需求导向分析，只要是能够为企业提供发展支持的，都可以成为企业的资源。

人力资源管理生态系统能够帮助企业比较迅速地适应复杂多变的市场需求，从而促进企业的可持续发展。因此，在其运作过程中，要获得各种社会资源和因素的有力支持。当今社会，市场竞争激烈且愈加多元化和复杂化，一些优质的社会资源会出现短缺，再加上区域差异，不同地区的企业人力资源管理生态系统在利用资源的质量、数量和水平上存在显著的差距。随着经济全球化和一体化进程的加快，社会资源配置与利用的区域差距将逐渐扩大。针对这种情况，需要人力资源管理生态系统采取多种方式与措施来提高员工竞争力，从而帮助企业在激烈的市场竞争中拥有较强的竞争力，处于优势，不断提高企业的辐射力、影响力和发展力。

第七章　信息时代企业业绩评价

随着以互联网和计算机技术为代表的新技术革命的迅速发展，人类社会从工业社会步入信息化社会已经成为不可扭转的大趋势。互联网给人们的生活带来影响的同时，也不断地影响着企业的各个方面，企业面临的生存压力越来越大，面临的竞争越来越激烈，企业只有对其商业运行方式、内部管理模式等进行重大变革，才能在这个新时代立足。

企业业绩评价可以说是一个古老的话题，却关系企业的生存和发展：首先，企业经营与发展的好坏是依据企业业绩评价的，尤其是企业的长期经营业绩更是一个反映企业实力的关键性因素；其次，企业业绩状况会反馈给相关利益主体，而对业绩进行客观评价会使相关利益主体更有动力推动企业业绩向着更好的方向发展；再次，企业业绩评价常常与企业的激励政策相关联，客观、公正地评价企业的业绩会促使企业员工充满活力与斗志，为实现企业的价值最大化而努力；最后，企业业绩评价会给企业未来战略方针的制定提供一个真实、可靠的参考依据。

但当人类步入互联网时代后，传统的企业业绩评价的弊端也逐渐显现，企业如何跟随"互联网＋"的步伐，对其业绩评价系统进行创新，找到适合自身的"互联网＋"企业信息化业绩评价方式是一个非常重要的问题。

第一节　企业业绩评价概述

一、企业业绩评价的定义

所谓业绩，又称为绩效、效绩。《韦伯斯特新世界词典》中对"绩效"的定义如下：①正在执行的活动或已完成的活动；②重大的成就，正在进行的某种活动或者取得的成绩。《现代汉语词典》对其的定义如下：①建立的功劳和完成的事业；②重大的成就。

结合中英文的定义，可以看出中文和英文都强调了业绩的结果性；同时，两者也有所区别，《韦伯斯特新世界词典》还强调了业绩的过程性。

评价，又叫评估，是指为了达到一定的目的，运用特定的指标，比照特定的标准，采用特定的方法，对事物做出价值判断的一种认识活动，即通过比较分析做出全面判断的过程。

国有资本金效绩评价（简称"企业效绩评价"）是指运用科学、规范的评价方法，对企业一定经营期间的资产运营、财务效益等经营成果进行定量及定性对比分析，做出真实、客观、公正的综合评判。这里认为，业绩评价是指评价主体运用特定的评价指标、评价标准和评价方法，对企业活动的过程和结果进行的一种价值判断和评估。企业业绩评价不仅包括对企业经营结果（即回答做了什么）的评价，还包括对经营过程（即回答怎么做的）的评价。对于一个企业而言，其业绩不仅表现为战略目标的实现，还表现为实现战略目标过程的效率，即公司如何以更少的资源实现更大的目标。

二、企业业绩评价的要素

明确了企业业绩评价的定义以后，在进行实际业绩评价时，又会遇到这样几个问题，即业绩评价是对谁评价，谁来评价，要用到什么方法，依据是什么，等等。这些就是企业业绩评价的要素。一个有效的业绩评价系统是由下列因素有机组成的：评价主体、评价客体、评价指标、评价标准、评价方法和评价报告（图7-1）。

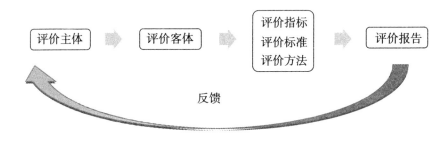

图7-1 企业业绩评价的要素

评价主体——"谁来评价"，主要包括资产所有者、经营管理者、政府部门以及其他利益相关者。资产所有者包括企业的股东和债权人，股东希望对企业管理层的管理能力、企业价值、发展前景等进行评价，债权人希望对企业的偿债能力进行评价；经营管理者希望对企业的经营管理现状和未来的发展进行评价；政府部门需要对企业的纳税、遵守法规等情况进行评价。

评价客体——"对谁评价"，即评价对象，一般包括企业、某个部门、项目、经营管理者等。另外，需要注意的是，某些时候（当战略执行结果难以直接衡量时），要先将评价客体进行分解、映射，将战略的执行结果对应到具体的活动和组织中，再对其进行业绩测量、分析和评价，最终进行归总，得出整体业绩。

评价指标——"具体怎么做"，业绩评价的指标有很多，在分析不同的企业时，要具体选择不同的关键指标对其进行评价。一般来说，评价指标可以分为定量指标和定性指标、财务指标和非财务指标、短期指标和长期指标，在具体的选择过程中要结合特定的企业、特定的企业发展时期、特定的行业等做出评价。

评价标准——"依据是什么"，即评价的"参照物"，一般被称为"标杆"，就是对评价对象业绩好坏进行评价的依据。一般来说，企业业绩评价的标准分为企业内部标准、竞争对手标准、行业标准、国家标准和国际标准等。

评价方法——"怎么评价"，一般包括指标法、趋势法、情景模拟法、强制比例法、重要事件法等方法。科学合理的评价方法是取得科学合理的评价结果的保障。

评价报告——"结果是什么"，是企业业绩评价的综合性文件。它是通过对业绩评价数据按照一定的方法计算、加工和处理，在一定的评价标准下得到的关于经营管理水平高低的判断和结论，为未来企业的经营发展提供建议和支持。

企业业绩评价的六个要素相互联系，共同组成了一个完整的系统。其中，评价主体和评价客体是业绩评价系统的基础；评价指标、评价标准和评价方法是业绩评价的核心，决定了评价报告的内容和可信度；评价报告则把业绩评价的结果反馈给评价主体。

三、企业业绩评价的基本方法

企业业绩评价的方法包括两种：定性分析方法和定量分析方法。具体来说，主要有以下几种方法。

（一）指标法

指标法是指用财务指标对评价客体进行考评的方法，是一种定性的评价方法。

（二）趋势法

趋势法涉及较长的时间，而不仅仅是对一个时点的分析，因此趋势法可以通过对比不同时点，对企业的持续经营业绩进行评价，包括销售趋势、成本变化趋势、利润变化趋势等。通过对过去几年的数据进行对比分析，不仅能考核过去的经营业绩，还能对未来的发展做出预测。

（三）情景模拟法

情景模拟法是一种要求员工在评价主体面前完成与实际工作相类似的工作，评价主体根据员工在特定情景下的表现和成果对其进行评价的方法。

（四）强制比例法

根据正态分布原理，优秀和不合格人员应该与合格的普通人员人数大致相等。基于这个假设，可强制性规定公司业绩评价中优秀成员占总成员人数的 20％，合格成员占总成员人数的 60％，剩下 40％为不合格成员。

（五）评语法

评语法是指评价主体依据评价客体的实际表现、业绩等，对其进行文字性的评价，通常为撰写评语。

（六）重要事件法

重要事件法是指在平时就对评价客体的行为进行记载，主要记载其突出成就和重大处罚等，在进行评价时，根据这些记录，对评价客体进行评价。

（七）序列比较法

序列比较法是指依据相同的评价标准和评价指标，即同样的工作目标等，对不同的评价客体进行比较，得出排名顺序，排名靠前的评价较好；反之，则相对较差。

（八）目标考核法

目标考核法是指根据评价客体完成工作目标的情况进行考核的一种方法。此法适用于推行目标管理的项目或部门。

（九）等级评价法

等级评价法是将对评价客体的评价分成不同的几个评价等级（每个等级中的评价指标也不同），然后根据不同的评价标准，把各个评价指标具体细化为优秀、良好、合格、不合格四个等级，从而进行综合评价的方法。

（十）综合法

综合法是指将以上几种方法综合起来进行评价，以提高评价结果的正确性和客观性的方法。

四、企业业绩评价的分类

一是以评价主体为划分标准，企业业绩评价分为政府评价行为和社会评价行为。政府评价行为是指政府有关部门根据资产管理和财务分析需要、企业监管需要、人事任免考核或奖惩需要等，分别或联合组织的企业效绩评价。社会评价行为包括母公司对全资和控股子公司的评价、债权人对债务人的评价、投资者对拟投资企业的评价、企业自我评价等。

二是以业绩评价的主体和目的为划分标准，可以将业绩评价分为四个层次：投资者对作为投资对象的企业的价值的分析，政府部门所进行的以企业所提供的税金、就业机会、职工的社会福利、环境保护等为主要内容的社会贡献评价，资源提供者对于经营者业绩的评价，经营者所进行的内部管理业绩评价。

其中，投资者的企业价值分析是指资本市场上进行股票买卖或者筹划企业购并的投资者在投资之前所进行的决策分析，往往通过和市场价格比较确定投资价值；政府部门的社会贡献评价主要通过一些特定指标，如社会贡献率、人均利税率、就业增长率等形成补充性的投资决策参考和政府行业政策、税收政策的参考；资源提供者对经营者业绩的评价用于经营者的聘任决策、经营者的报酬计划及公司治理结构的构建，是指提供价值增值资源、委托经营者进行经营和管理的委托人（主要指股东）对经营者作为代理人是否达到委托人期望目标的分析；经营者所进行的内部管理业绩评价主要是指企业经营者对于内部经营单位的业绩评价，或者较高级管理层对下级管理层的业绩评价。

三是按照企业绩效评价主体的历史演进过程，可以将企业业绩评价分为一元评价主体时期、二元评价主体时期和多元评价主体时期。一元评价主体是指投资者，评价目的也只是满足自己生产管理的需要；二元评价主体指的是投资者和债权人，这种评价是基于投资者与债权人利益的业绩评价；多元评价主体除包括投资者、债权人外，还包括管理者、员工、供应商、消费者、政府等众多的利益相关者。

四是以评价指标为划分标准，可以将业绩评价系统划分为三种模式，即财务模式、价值模式和平衡模式。财务模式是指以投资报酬率为核心的业绩评价；价值模式以股东财富最大化为导向，所使用的评价指标主要是根据未来现金流量得到的贴现类指标，主要包括经济增加值等；平衡模式是以战略目标为导向，通过指标间的各种平衡关系以及战略指标或关键指标的选取来体现企业不同利益相关者的期望，从而实现企业价值最大化的目标。

第二节　企业业绩评价阶段

人类进入资本主义社会之后，两权分离标志着真正意义上的业绩评价开始建立。自1981年美国"科学管理之父"泰勒创立科学管理理论以来，西方国家对企业业绩评价的研究开始逐步深入。20世纪90年代以来，国内的专家学者也开始重视业绩评价问题，并进行了一系列探索。下面分别对西方和我国企业业绩评价阶段进行详细论述。

一、西方企业业绩评价阶段

企业经营特点以及社会经济环境不同，其业绩评价也会不同。根据业绩评价指标的不同，西方企业业绩评价可分为成本控制业绩评价阶段、会计基础业绩评价阶段、经济基础业绩评价阶段、战略管理业绩评价阶段、利益相关者业绩评价阶段。

（一）成本控制业绩评价阶段

在古典型企业占统治地位的资本主义发展时期（19世纪初），企业的所有权和经营权还没有分离，企业的所有者即是经营者，企业外部的市场竞争不激烈，主要是卖方市场；另外，企业的规模相对较小，生产过程简单，产品也较单一。这时的业绩评价主要关注企业的生产效率，强调成本管理，追求低成本。这一时期的业绩评价先后经历了简单的成本业绩评价、较复杂的成本业绩评价和标准成本业绩评价三个阶段。企业业绩评价以成本评价指标为中心，包括成本、实际成本、产品直接成本和间接成本、标准成本及这些成本差异的分析结果。

（二）会计基础业绩评价阶段

20世纪初，资本主义市场经济已进入稳定发展时期，企业之间的竞争由自由竞争过渡到垄断竞争，企业主要处于单一、静态、安全、简单的以卖方市场为主的外部环境中；另外，企业经营规模不断扩大、经营产品品种不断增加。这时企业的经营目标主要是提高生产率，追求利润最大化。为满足企业经营管理的目标，业绩评价指标开始从以往单一的成本指标发展为包含获利能力、偿债能力、资产营运效率、发展能力等在内的多项指标，这些指标能反映企业对相关资源的运用能力和效率，能够帮助企业实现对资源的有效配置。

1903年，美国杜邦公司设计了投资报酬率指标（ROI），并将其分为两个重要的财务指标——销售利润率和资产周转率，这两个指标为企业的经营管理决策提供了重要的依据。20世纪20年代，销售利润率得到了广泛应用。1928年，亚历山大·沃尔提出了综合比率评价体系，即沃尔评分法。该方法主要选取了七个指标，并同时赋予它们一定的比重和标准比率，通过计算每个指标的得分，最终得到实际的综合得分。综上所述，会计基础业绩评价阶段的企业业绩评价指标主要以投资报酬率、净资产收益率为核心，与之对应的评价标准主要包括预算标准、行业标准、历史标准。

（三）经济基础业绩评价阶段

20世纪80年代，企业的外部环境由原来的静态、稳定变得动态、多样、复杂、危险，企业外部竞争者众多，企业之间竞争激烈，而企业的内部环境也变得更加复杂，会计基础业绩评价模式已经无法反映企业真实的管理业绩，容易导致管理者的短期行为，很难满足这一时期的经营管理要求。这一时期企业业绩评价的着眼点变为企业长期的竞争优势的形成和保持。因此，基于股东价值最大化的经济增加值（EVA）开始占主导地位，与之对应的评价标准是长期的计划标准。

（四）战略管理业绩评价阶段

20 世纪 90 年代，企业的经营环境发生了巨大的变化，这些变化主要体现为人力资本和无形资产变得越来越重要。另外，伴随着经济全球化和新经济时代的到来，市场发生了剧烈的变化，全球范围内的竞争加剧，客户的需求变得多样化和个性化，同时社会环境等方面也发生了重大的变化，企业要生存和发展，就必须具有战略眼光，不断提高企业的竞争力和价值。在此背景下，1992 年美国学者卡普兰和诺顿提出了"平衡计分卡"（BSC），从企业财务层面、客户层面、内部业务流程层面和学习与成长层面对企业的业绩进行综合评价，与之对应的评价标准主要是竞争标准。

（五）利益相关者业绩评价阶段

21 世纪，企业的利益相关者对企业的经营发展产生了越来越大的影响，同时企业伦理、社会责任、环境保护等问题也越来越多地受到人们的关注。因此，企业的经营目标从追求企业价值最大化转向追求包括股东、债权人、顾客、员工、社会等在内的企业利益相关者的利益最大化。这一时期的评价指标主要是企业各种利益相关者关心的综合指标（财务指标与非财务指标相结合的指标），具有代表性的业绩评价方法是业绩三棱柱（PP）。

从开始的成本控制业绩评价阶段、会计基础业绩评价阶段、经济基础业绩评价阶段、战略管理业绩评价阶段到利益相关者业绩评价阶段，西方企业业绩评价不断向科学化、合理化发展。从业绩评价指标来说，由简单的一维评价指标向多维的综合指标发展；从业绩评价方法来说，由定量评价方法发展为定量评价与定性评价相结合的综合评价方法。

二、国内企业业绩评价阶段

由于经济制度的差异性，我国最初的企业业绩评价主要是加强国有企业的控制和管理，保障企业实现政府目标的计划管理措施，而西方国家的业绩评价主要是为了提高企业生产效率，优化资源配置。在中国企业业绩评价的历史演进过程中，主要发生过三次巨大的变革：1993 年，财政部在《企业财务通则》中制定了一套财务业绩评价指标体系；1995 年，财政部在《企业经济效益评价指标体系（试行）》中制定了一套企业经济效益评价指标体系；1999 年，财政部等四部委在《国有资本金效绩评价规则》和 2002 年的修订版中制定了我国国有资本金效绩评价指标体系。

20 世纪 90 年代，计划经济逐步被市场经济取代，原有的企业业绩评价指标体系已不能适应市场经济的要求。

1993 年，财政部颁布了《企业财务通则》，规定企业业绩评价体系由 8 个指标组成：资本金利率、销售利润率、固定资产产值率等。这 8 个指标分别从获利能力、偿债能力、营运能力等方面对企业业绩进行评价。《企业财务通则》的颁布实施，有利于我国企业财务管理朝着科学、合理的方向发展，有利于政府及债权人对企业经营状况的评价。

1995 年，财政部颁布了《企业经济效益评价指标体系（试行）》，规定企业业绩评价体系由 10 个指标组成：资产收益率、流动比率、社会贡献率、社会积累率等。评价标准按照前 4 年的全国平均值确定，并规定资产负债率指标按照功效系数法计分。

1999 年，财政部等四部委联合颁布了《国有资本金效绩评价规则》及《国有资本金效绩评价操作细则》，重点是评价企业资本效益状况、资产经营状况、偿债能力状况和发展能力状况，综合反映企业的经营管理状况和业绩，主要是通过基本指标、修正指标和专家评议的方式来进行评价。这两部评价规则的颁布初步形成了我国企业业绩评价财务指标和非财务指标融合的体系。

2002 年 2 月，财政部、国家经济贸易委员会、中央企业工作委员会、劳动和社会保障部以及国家发展计划委员会等颁布了《企业效绩评价操作细则（修订）》，将以前的 32 个指标简化为 28 个，使我国企业业绩评价更加科学、合理和简化。

2003 年，国务院国有资产监督管理委员会颁布了《中央企业负责人经营业绩考核暂行办法》，将评价结果与经营者的薪酬挂钩。该办法虽然考虑了行业因素，但未考虑非财务指标。

2006 年，国务院国有资产监督管理委员会又进一步颁布了《中央企业综合绩效评价管理暂行办法》，企业业绩评价体系主要由反映盈利能力、资产质量、偿债能力、成长能力等方面的指标组成，综合反映了企业的经营管理能力，但依然未考虑非财务指标。

2009 年，财政部颁布了《金融类国有及国有控股企业绩效评价实施细则》，主要是为了加强对金融类企业及国有控股企业的管理。

2010 年，《中央企业负责人经营业绩考核暂行办法》在评价指标中加入 EVA，并规定 EVA 占 40%的权重，这是首个将 EVA 引入我国中央企业负责人经营绩效考核的规定。另外，2014 年 4 月，中国资产评估协会颁布了《财政支出（项目支出）绩效评价操作指引（试行）》；2015 年 9 月，财政部颁布了《中央对地方专项转移支付绩效目标管理暂行办法》；2016 年 6 月，财政部针对金融企业颁布了《金融企业绩效评价办法》；2017 年 3 月，财政部和环境保护部颁布了《水污染防治专项资金绩效评价办法》；2017 年 4 月，财政部和水利部颁布了《中央财政水利发展资金绩效管理暂行办法》。

从最初的《企业财务通则》到关于财政支出的绩效评价，可以看出我国的业绩评价体系在不断发展和完善，但是对于专项资金的业绩评价还存在着不足，如应处理好财务指标和非财务指标的融合问题，评价维度应指向资金投入、过程监管、目标实现与社会满意等方面。另外，要注意的是企业业绩评价制度不应被当作决定经营者薪酬的简单评价机制，应该以评价企业经营管理、完善企业制度为目的。同时，我国业绩评价体系还要在不断借鉴西方业绩评价的先进思想的基础上，结合我国的经济制度和国情进行完善。

第三节　企业业绩评价方法

这一节将具体介绍几种重要的企业业绩评价方法，主要包括两类：责任中心的业绩评价方法和企业综合业绩评价方法。

一、责任中心的业绩评价

责任中心是指承担一定经济责任，并具有一定权利的企业内部（责任）单位。依据责任中心所承担的经济责任和责任对象的特点，可将其分为成本中心、利润中心和投资中心。

（一）成本中心业绩评价

1. 成本中心的概念

成本中心是指只对生产经营过程中的成本或费用承担责任，即只负责计量该中心发生的成本和费用，并评价其中的可控成本。这种中心往往没有或者有少量的不考核的收入。

成本中心可分为两类：标准成本中心和费用中心。

（1）标准成本中心

标准成本中心是单位产品所需要的投入量固定，并且所生产的产品稳定的成本中心，也可以说，其所生产的产品稳定而明确，产出物能用财务指标衡量，一般包括制造业工厂、车间、工段、班组等。

在平常的生产经营中，每种产品都可以确定原材料、人工和制造费用的数量与价格标准。因此，每个行业都存在标准成本中心，只要这个责任中心涉及一系列重复的生产经营活动，并且其投入和产出有明确的函数关系。

标准成本中心的考核标准是既定产品质量和数量的标准成本。需要注意的是，标准成本中心不对生产能力的利用程度负责，只对既定产量的投入量负责。

（2）费用中心

当成本中心的产出物不能用财务指标衡量或投入和产出没有密切关系时，这个成本中心就是费用中心。一般行政管理部门的产出难以度量，研究开发和销售活动的投入量和产出量没有密切的关系，所以一般责任中心包括会计、人事、设备改造、新产品研制、广告、宣传、仓储等部门。

针对费用中心的考核，一般使用费用预算评价，同时还要注意结合费用中心的工作质量和服务水平进行判断。

2.责任成本

责任中心发生的成本可以分为可控成本和不可控成本。在特定时期内，特定责任中心能够直接控制其发生的成本为可控成本，否则为不可控成本。

责任成本是指责任中心发生的且可控的成本，以具体的责任单位（部门、单位或个人）为对象，以其承担的责任为范围所归集的责任成本，也就是特定责任中心的全部可控成本。

可控成本指责任中心能够实施调控的成本，受责任中心经营决策和工作活动的影响。一般具有以下特征：可预知性，即该责任中心或其负责人事先可以预知将要发生什么成本，发生多少；可计量性，即责任中心或其负责人能对发生的成本进行准确的计量；可调控性，即该责任中心或其负责人可以在权责范围内对相关成本进行调控。可控成本必须有一个明确特定的主体。一项成本对某个特定主体来说是可控的，但对另一个主体来说却可能不可控。最常见的情况是，下级单位的工资，对上级来说是可控的，但对其和其下级来说，都是不可控的。责任中心另一部分的成本就是不可控成本，是指某个责任中心不能通过行动或意志控制的成本。

（二）利润中心业绩评价

1.利润中心的概念

当某个责任中心既能决定生产又能决定销售，也就是可以决定生产种类、生产方式、产品质量、销售价格、销售方式以及生产资源在不同产品中的配置方式等的时候，那么这个责任中心就是利润中心或投资中心。而当这个几乎拥有全部经营决策权的责任中心没有能力控制该中心的投资水平时，这个责任中心就是利润中心，就需要既对成本和费用负责，又对收入和利润负责。

一般利润中心有两种类型：一种是自然的利润中心，它们直接向市场出售产品，并从外部市场买入原材料，如某公司的事业部拥有对外直接买入原材料、生产产品、卖出产品的权限，因此是自然的利润中心；另一种是人为的利润中心，它们不直接向企业外部（市场）购销产品，而一般在企业内部以内部转移价格卖给内部单位或企业的全部产品由统一的销售部门负责对外营销，如公司的修理、供水和供电部门可以以固定的价格向企业内部部门收取一定的费用，一般被视为人为的利润中心。利润中心实质上是指该中心负责人有权进行供货来源和市场销售方面的决策，即该中心可以向客户销售大部分的产品，并且可以自主选择所需要的材料和服务的来源。进行利润中心业绩评价的真正原因是制定激励下级单位努力完成公司目标的经营决策，所以虽然某些生产部门也可以计算利润指标，但是它们并不具有广泛的权利，因此不能用利润指标评价该中心的业绩。

2. 利润中心的评价指标

首先，选择利润来评价利润中心的业绩。其次，考虑加入一些非货币性的指标来加以补充，如生产率、市场份额、产品质量、职工态度、社会责任等。最后，在进行业绩评价前，需要注意针对具体的利润中心，如何确定利润指标和分配成本，如何为该利润中心确定合理的转移价格。

在评价利润中心时，至少要涉及边际贡献、部门可控边际贡献、部门税前经营利润。

边际贡献 = 销售收入 – 变动成本总额，将边际贡献作为利润中心的业绩评价依据不够全面。部门经理至少可以控制某些固定成本，并且在固定成本和变动成本划分上有一定的选择余地。以边际贡献为评价依据，可能导致部门经理尽可能多地增加固定成本的支出，而减少变动成本。

部门可控边际贡献 = 边际贡献 – 可控固定成本，以部门可控边际贡献为部门经理的业绩评价指标。它反映了部门经理在其权限和控制范围内有效使用资源的能力，部门经理可以控制收入以及变动成本和部分固定成本，因而可以对可控边际贡献承担责任。

部门税前经营利润 = 部门可控边际贡献 – 不可控固定成本，将税前营业利润作为该部门的业绩评价指标。

（三）投资中心业绩评价

投资中心是指某些责任中心的经理不仅可以自主决定产品价格、生产方法，还可以做出投资规模、投资类型等投资决策，即投资中心的经理不仅控制分摊企业的管理费用外的全部成本和收入，还能控制占用的资产。一般对于投资中心的业绩评价包括该部门的投资报酬率、剩余收益、经济增加值等。

二、企业综合业绩评价方法

常见的企业综合业绩评价方法主要有杜邦分析法、沃尔评分法、经济增加值和平衡计分卡等。综合评价法可以从企业的多个方面对企业的经营管理进行分析和评价，有利于评价结果的客观、公正。下面对这几种方法进行具体介绍。

（一）杜邦分析法

1919 年，美国杜邦公司构建了杜邦分析体系。杜邦分析法考虑了销售净利率、总资产周转率、权益乘数等财务比率之间的内在关系，是运用多种财务比率，综合分析财务状况的一种分析方法。净资产收益率 = 总资产净利率 × 权益乘数 = 销售净利率 × 总资产周转率 × 权益乘数。

从图 7-2 中，可以得出以下结论。

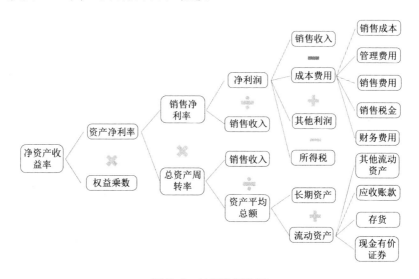

图 7-2　杜邦分析体系

第一，净资产收益率是杜邦体系的核心，也是最有代表性的指标。另外，净资产收益率直接反映了股东的获利能力，净资产收益率越大，表示股东的获利能力越强。通过对其的分解可以揭示股东获利能力的影响因素，以及未来可以提升的方面，从而进一步揭示企业经营、投资、筹资等经营效率。

第二，资产净利率是表示企业资产获利能力的重要指标。它可以揭示总资产的管理效率，净资产收益率越高，表示企业单位资产的获利能力越强。另外，企业的成本费用、资本结构等因素都会影响它的高低。

第三，权益乘数的高低直接揭示了企业资本结构是否合理，它是所有者权益与企业总资产的倒数，与资产负债率具有密切的关系：权益乘数 =1 ÷（1- 资产负债率）。企业的权益乘数高，说明企业主要是利用负债进行融资，适度的杠杆能给企业股东带来收益，但是过高的权益乘数会增加企业的财务风险。因此，企业应该结合自身和行业特性，保持企业的权益乘数在一定的范围内，适度利用杠杆效益，利用负债经营。

第四，销售净利率是企业净利润与销售收入的比值。销售净利率越高，表示企业的盈利能力越高。提高销售净利率要从两方面入手：一是要不断扩大市场份额，提高营业收入；二是要降低成本费用，增加利润。

第五，总资产周转率是反映企业总资产营运能力的指标。总资产周转率越高，表明企业的资产利用率越高。企业可以通过加快回收应收账款管理和减少坏账准备、定期管理存货、固定资产等，减少它们的不合理损耗，提高资产周转率。

（二）沃尔评分法

20 世纪初，美国学者亚历山大·沃尔提出了沃尔评分法。沃尔评分法对选定的多项财务比率进行评分，通过计算综合得分，得出企业的综合经营管理情况，从而进一步得出企业的信用水平。

沃尔评分法主要选取了七种指标，包括流动比率、存货周转率等，如表7-1 所示。

表7-1 沃尔综合评分表

财务比率	比重（%）①	标准比率②	实际比率③	相对比率④ = ③ / ②	综合系数⑤ = ① × ④
流动比率	25	2			
净资产 / 负债	25	1.5			
资产 / 固定资产	10	2.5			
应收账款周转率	10	8			
存货周转率	10	6			
固定资产周转率	10	4			
销售收入 / 净资产	5	3			
合计	100				

利用沃尔评分法进行企业业绩评价时，主要包含以下步骤。

第一，确定指标。要选择能反映企业经营管理能力的综合指标，选择的指标要从企业各方面的能力（如盈利能力、营运能力、偿债能力等）综合反映企业的经营管理现状。沃尔评分法包括流动比率、净资产/负债、资产/固定资产、应收账款周转率、存货周转率、固定资产周转率和销售收入/净资产。

第二，确定各指标的权重。在确定权重时，要根据各个指标对企业经营管理的影响程度、评价企业的特殊性、行业的特殊要求、评价目的、评价主题等情况决定。

第三，确定标准值。可以根据国家、特定行业、特定时间的指标及标准，确定比较值，标准值一般是企业所处行业的平均值。

第四，确定实际值。根据企业的实际财务报表，计算得到企业的各个指标的实际值。

第五，确定相对比率。其公式如下：某项财务指标的相对比率=该指标的实际值/该指标的标准值。

第六，确定综合系数。各项财务指标的相对比率乘以权重，得到各个指标的得分，再将其相加就能得到企业的综合系数，其公式如下：综合系数=Σ各项指标的得分=Σ（各项指标权重×该指标的相对比率）。

第七，确定评价结果。一般认为，当企业的综合系数为100％或接近100％时，企业的经营状况符合要求；如果小于100％，则认为企业经营状况欠佳。

沃尔评分法是一种综合评价企业业绩的方法，但其仅仅只有七个指标，并且沃尔并没有解释为什么要选择这几个指标，因此能否依靠这七个指标判断企业整体的经营状况的好坏，还需要进一步证明。另外，运用沃尔评分法时，某一个指标异常，会对结果产生很大的影响。虽然沃尔评分法可能存在缺陷，但其思想和理论在实践中被广泛应用，如前面提到的1995年我国财政部在《企业经济效益评价指标体系（试行）》中制定的企业经济效益评价指标体系，1999年财政部等四部委在《国有资本金效绩评价规则》和2002年的修订版中制定的我国国有资本金效绩评价指标体系等，都借鉴了沃尔评分法的思想。

（三）经济增加值

目前，越来越多的企业开始从价值创造的角度来评价企业业绩。经济增加值是把盈利基础和市场基础结合起来的企业业绩考核指标。

其中，股东最关注的是自身财富是否得到增长，可以用市场价值增加值（MVV）表示，其公式如下：

$$MVV=市值-总资本$$

市场增加值仅能从外部对上市公司进行整体评价，不能评价企业内部的业绩。美国思腾思特咨询公司（Stern & Stewart）提出了经济增加值（EVA），并证明了EVA是与MVV相关程度最高的内部业绩指标。经济增加值是建立在经济利润基础上的，核心理念是股东价值最大化。它需要将所有的运营费用、债务资本成本和权益成本全部计入成本，是评价企业是否为股东创造价值、资本是否保值增值的指标。

1.经济增加值的计算

$$经济增加值=税后净营业利润-资本成本$$
$$=税后净营业利润-资本占用额 \times 加权平均资产成本率$$

根据上述公式，经济增加值主要取决于税后净营业利润、资本占用额和加权平均资本成本。税后净营业利润表示企业的盈利状况，资本占用额指企业投入的有息债务资本和股权资本之和，加权平均资本成本指企业各种资本成本的加权平均数。

$$加权平均资本成本=股权资本市场价值所占比例 \times 股权资本成本+债权资本市场价值所占比例 \times 债权资本成本 \times （1-所得税税率）$$

经济增加值是指扣除所有资本成本之后的剩余利润、剩余收益。对一家企业来说，当企业的收益率高于加权平均资本成本时，公司才会增值；而对股东来说，当资本收益率大于全部资本时，股东才会获得收益。

由图7-3可知，增加企业价值主要有以下是三种方式。第一，增加利润，在做出相关的投资决策时，当项目的预期投资收益率大于资本成本时，接受该项目；否则，拒绝。第二，提高资金使用率，提高资金周转速度。第三，通过内部融资，降低资本成本。

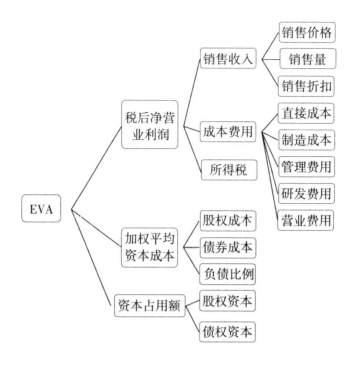

图 7-3 经济增加值构成

2.税后净营业利润和资本占用

税后净营业利润和资本占用都是根据企业的财务报表调整计算出来的。

（1）税后净营业利润

税后净营业利润是在不考虑资本结构的情况下公司税后所获利润，是全部资本的税后投资收益，反映了公司资产总体的盈利能力，等于税后净利润加上利息支出部分（如果税后净利润计算中已经扣除少数股东权益，应加回），也等于销售收入减去利息支出以外的全部经营成本和费用（包括所得税）后的净值。税后净营业利润可在对利润表调整计算后得到，具体调整过程如表 7-2 所示。

表7-2　会计净利润与税后净营业利润的对应关系

营业收入		营业收入
－ 营运成本		－ 营运成本
－ 营业税金及附加		－ 营业税金及附加
＋（－）公允价值变动损益		＋（－）公允价值变动损益
＋（－）投资收益		＋（－）投资收益
－ 资产减值损失		
－ 销售费用	会计调整→	－ 销售费用
－ 管理费用		－ 管理费用
－ 财务费用		
＋ 营业外收入		
－ 营业外支出		
－ 所得税费用		－EVA 所得税费用
＝ 会计净利润		＝ 税后净营业利润

（2）资本占用

资本占用指投资者投入公司运营的全部资金的账面价值，包括债务资本和股本资本。其中，债务资本不包括不产生利息的商业信用负债，如应付账款、应付票据、其他应付款等。股权资本包括普通股和少数股东权益。资本占用额可根据资产负债调整得到，具体调整过程如表 7-3 所示，主要涉及以下几个项目的调整。

第一，无息流动负债——扣除。无息流动负债是不需要支付利息的短期负债，包括应付账款、应付职工薪酬和不需要支付利息的应付票据等。因为无息负债不占用资本，不属于资本占用，应予以扣除。

第二，在建工程——不应作为资金占用的部分。在建工程是对企业未来发展的投入，在当期并不能带来收益。如果不将在建工程扣除，经营者可能会因为考虑到在建工程占用的资金对业绩考核的影响而放弃对在建工程的投入，这将不利于企业的长期发展。

第三，减值准备——加回。资产减值准备是基于谨慎性原则计提的，不属于企业的实际损失，应当加回，作为资本占用的组成部分。

第四，非经常性收支属于股东资本。营业外收支和政府补助属于企业偶然的收支项目，可以看成是对企业正常项目资金占用的机会成本，因此应将非经常性净支出加回，非经营性净收入扣除。

表7-3 资产负债表中总资产和资产占用额之间的对应关系

货币资金		货币资金
应收账款净额		应收账款净额
存货净额		存货净额
……		……
流动资产总计		流动资产总计
		- 无息流动负债
长期投资		= 净营运资产
固定资产		长期投资
- 固定资产减值准备		固定资产
+ 在建工程		
固定资产总计		固定资产总计
无形资产及其他资产		无形资产及其他资产
		- 累计税后营业外支出
资产总计		资本占用总额

3.经济增加值价值管理体系

经济增加值价值管理体系从业绩考核、管理体系、激励机制和理念体系四个方面，提出如何使管理层致力于股东价值最大化，最终提升公司的价值创造能力和核心竞争力，如图 7-4 所示。

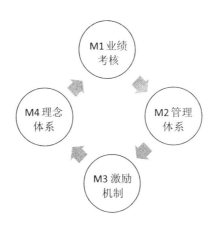

图 7-4　经济增加值价值管理体系

（1）M1——业绩考核

业绩考核是经济增加值价值管理体系的关键环节。以经济增加值为核心的业绩考核体系是以企业长期价值创造为导向，从股东利益出发，并充分考虑了企业的规模、发展阶段、行业特点和对标等的经营成果的考核。

（2）M2——管理体系

经济增加值体系下包括了管理决策的所有方面，包括战略企划、资本分配、并购或撤资的估价和制订年度计划决策。

（3）M3——激励机制

激励机制是经济增加值价值管理体系的重要组成部分，它能将管理层、员工为股东创造的财富与激励联系起来，实现长期激励价值创造，既能保障股东和经营者的利益，又能实现公司的长远发展。经济增加值激励机制的薪酬方案包括基本工资、年度奖金、中长期奖金和股票期权。

（4）M4——理念体系

经济增加值可以使企业所有部门以价值创造为核心，减少部门之间不信任、各自为政的现象，完善公司治理机制，形成股东、管理层和员工之间有效的价值创造机制。

第四节　企业环境业绩评价

随着全球人口的激增、科技的发展、排污的加重，人类开始逐渐认识到保护自然的重要性，可持续发展、循环经济、低碳经济等一系列思想逐步深入人心，影响人们生活的方方面面，也使企业经营管理思想发生转变，国内的学者也开始从环境的视角研究企业业绩评价。

国际标准化组织（ISO）将环境绩效评价定义为："企业通过选择参数、收集和分析数据，建立持续监督的系统，依据环境绩效准则对企业的生产管理过程进行绩效评价，以检测其在节约资源和治理污染等方面取得的环境保护效率和效果，帮助管理者对组织的环境绩效进行决策的过程。"

一、循环经济下企业业绩评价

人们在反思传统的"高开采、低利用、高排放"的经济发展模式的基础上，提出了"减少浪费、重复使用和回收利用"的新理念。张蕊提出了循环经济下的企业业绩评价体系，即以生态化创新为内核，以竞争优势和核心竞争力的形成与保持为关键要素，谋求持续的企业价值最大化。

二、企业三重绩效评价

随着社会经济的发展、可持续理念的深入人心，企业的活动也发生了变化，表现为基于三重底线的生产经营行为，即注重经济利益、社会福祉和生态平衡的协调发展。温素彬提出了企业三重绩效共生模式、三重绩效的矩阵式评价指标体系和企业三重绩效的层次变权综合评价模型。

从静态看，企业的可持续发展依赖三重绩效之间的"互惠共生"。经济绩效反映企业与利益相关者之间的经济利益关系，考察企业在经济方面的贡献，反映企业创造的经济财富；生态绩效反映企业与自然的关系，考察企业在一定时期内对生态系统的影响和贡献，具体可分为能源、原料、水资源、排放物、产品和服务、供应商、生态计划与政策等方面；社会绩效反映企业与社会的关系，主要考察企业在一定时期内履行社会责任的能力和效果，具体可分为工作劳动、人权、社会影响、合作关系、产品责任等方面。

从动态看，三重绩效的"互惠共生"依赖正确的战略、科学的流程和有效的能力的动态循环。首先，企业应该制定并实施基于可持续发展的企业战略，包括经济发展战略、生态保护战略、社会责任战略。其次，企业应该制定以可持续发展为导向的投融资流程，以环境化设计、清洁生产、生命周期评估、全成本评估、延伸生产者责任制度、绿色营销等为技术的价值链流程，以环境会计、社会责任会计等为基础的信息服务流程。同时，企业还必须培育相应的能力以实施上述流程。

绩效矩阵将企业绩效划分为9个区域（表7-4），每个区域分别代表了企业某一绩效、某一环节的绩效水平。绩效矩阵能够从不同的视角全面地评价企业的绩效水平，从而弥补了传统的绩效评价只重视经济绩效的能力评价，忽视战略和流程评价，忽视生态绩效和社会绩效评价的缺陷。

表7-4　企业绩效矩阵

三重绩效	战　略	流　程	能　力
生态绩效			
社会绩效			
经济绩效			传统绩效评价区域

三、企业低碳业绩评价

低碳经济作为一种绿色、可持续发展的经济形态，通过大幅度提高能源利用效率，大规模使用可再生能源与低碳能源，大范围研发温室气体减排技术来维护生态平衡。目前，低碳经济已经得到了众多企业的肯定和支持，越来越多的企业将其纳入战略目标，具体运用到企业日常的经营管理中。

马艳琳等认为，低碳绩效是企业基于低碳战略发展愿景，制定低碳发展目标及方针，运用企业内、外部资源，防治高碳消耗，以减少对生态的破坏，培养企业低碳环保意识等一系列行动和措施，进而通过若干财务与非财务的指标进行考核的低碳管理体系；何玉等研究发现，企业低碳绩效与财务绩效正相关，还进一步发现兼负财务与社会责任的企业高管之所以愿意从事碳减排活动，是因为这样做不仅可以塑造绿色企业形象，还可以获取切实的经济利益；任高飞运用层次分析法（AHP）构建了低碳经济绩效评价的指标体系，包括碳源消耗、碳排放量、碳汇建设与交易、碳排放权交易、低碳意识与行为五个指标，并提出了具体评价指标建议；闫华红等以碳排放为核心视角，从碳排放对企业日常生产经营的影响出发，在企业价值链的基础上，描绘碳排放元素在企业生产经营活动上的运动轨迹，并据此构建了基于碳排放价值链的企业绩效评价体系，将企业的碳排放状况纳入对企业的绩效评价工作中，创新性地构建了新绿色 EVA 指标，作为评价企业碳排放下绩效的最终指标（表 7-5）；陈洋洋等采用层次分析法从经济效益、低碳消费、低碳技术、环境资源和低碳政策五个方面构建了低碳审计评价指标体系（表 7-6），同时利用低碳审计评价指标体系对我国 30 个省（区、市）进行了评价和分析。

表7-5　基于碳排放价值链的绩效评价体系

目标层	模块层		指标层	计算方法	对绩效影响方向	权　重
绿色EVA最大化	环境状况		外部环境碳排放率	所在城市碳排放量/全国碳排放量	反向	10%
	经营绩效	采购活动	环保原材料占比、绿色供应商占比	环保原材料采购量/全部原材料、通过绿色认证供应商数量/全部数量	反向	8%、5%
		生产活动（41%）	低碳技术研发费用占比	低碳技术研发费用额/研发费用总额	正向	6%
			碳排放减少率	本年碳排放减少量/上年碳排放总量	正向	7%
			绿色能源使用率、碳排放比率、能源消耗增长率、产品回收率、循环利用能源减排率	省略	省略	5%、7%6%、5%5%
		销售活动	绿色产品销售比重、绿色包装节约效益	绿色产品销量/全部产品销量、绿色包装节约成本/全部成本	正向	6%、5%
	管理绩效	人力资源管理	环保培训投入比率	环保培训投入成本/人力投入成本	正向	10%
		企业制度管理	企业碳排放管理制度	打分制	正向	15%

表7-6 低碳审计评价指标体系

目标层	一级指标	审计内容	二级指标
对碳活动进行审计监督,对低碳绩效进行综合评价,促进低碳政策的制定完善,低碳经济活动的开展及低碳技术等合理有效的应用,促进节能减排,推动低碳经济健康有序发展	经济效益	检查碳产品带来的经济效益和低碳治理的投入成本,检查财务数据的真实、准确性	低碳 R & D 经费投入强度、环境污染治理投资占 GDP 比重、国有经济能源工业固定资产投资、GDP、人均 GDP、第三产业占 GDP 的比重、工业增加值
	低碳消费	检查碳排放的情况和能源消耗情况	二氧化碳排放量、碳排放强度、人均碳排放量、单位 GDP 能耗、能源消费总量、非碳能源占能源消费总量的比重
	低碳技术	评价审计对象的碳排放管理活动,检查碳资源的使用效率,是否被合理利用,有无浪费等情况	碳能源弹性系数、碳生产力、单位 GDP 碳排放量、碳能源排放系数
			单位 GDP 能耗降低率、能源加工转化损失、能源效率
	环境保护	评价环境资源现状,评价环境保护措施	工业废气治理设施数、工业固体废物综合利用率、生活垃圾无害化处理率、城市建成区绿化覆盖率、人均绿地面积、森林覆盖率、自然保护区面积
	低碳政策	对低碳政策制度的科学性、合理性的审计,检查低碳政策执行情况,检查低碳政策执行效果	低碳政策法规完善度、碳消息披露政策制度健全性、碳税收优惠政策、低碳政策执行力度、低碳专项资金使用合规性、居民低碳环保意识、居民低碳环境满意度

第五节 信息时代企业信息化业绩评价

一、信息时代企业信息化业绩评价背景和概念

随着互联网的快速发展,家家户户都已经覆盖了网络,以计算机技术和网络技术为代表的新技术革命迅猛发展,给人们的生活和生产带来了巨大的改变,人类社会从工业社会进入"互联网+"影响下的信息社会。作为互联网思维进一步发展的实践果实,"互联网+"推动经济形态不断发生演变,通过激发社会经济实体的生命力,为改革、创新、发展提供了广阔的网络平台。"互联网+"绝非互联网与另一主体的简单相加,而是以信息通信技术及互联网平台为桥梁,将互联网与另一主体进行连接并深度融合,进而创造

新的发展生态。

2015 年，马化腾在"两会"上呼吁以"互联网 +"为驱动，鼓励产业创新、促进跨界融合、惠及社会民生，利用互联网的平台、信息通信技术把互联网和包括传统行业在内的各行各业结合起来。2015 年 3 月，李克强总理在十二届全国人民代表大会第三次会议上首次提出了"互联网 +"行动计划，提出推动移动互联网、云计算、大数据、物联网等与现代制造业结合，从而促进电子商务、工业互联网和互联网金融的健康发展。至此，"互联网 +"行动计划成为我国的一项重要国家战略，各行各业积极支持并践行。

在互联网的影响下，企业对其商业的运行方式进行了改革，还对企业的内部管理模式等做了进一步的思考，以不断引入信息技术，不断推进企业的信息化建设。其中，企业的业绩评价是需要格外重视的工作。企业可以跟随"互联网 +"的步伐，对其业绩评价系统进行创新，找到适合本企业的"互联网 +"企业信息化业绩评价模式。

另外，虽然近几年政府、企业和学者都对"互联网 +"企业信息化业绩评价越来越关注，并进行了大量的研究，但相关理论并不是很成熟，因此本节将重点介绍关于"互联网 +"企业信息化业绩评价目前的研究现状。

二、信息时代企业信息化业绩评价的内涵和特点

"互联网 +"企业信息化业绩评价是借助"互联网 +"企业信息化业绩评价体系，对企业实施信息化战略的效益进行的客观、公正的综合评判。一方面，"互联网 +"企业信息化业绩评价通过把企业的战略目标转化为企业的管理基准，贯穿于企业整个的经营决策中，提高企业的信息技术投资回报率；另一方面，通过业绩评价，可以把"互联网 +"企业信息化业绩评价结果传递给利益相关者，使利益相关者更加重视挖掘企业信息化价值，从而提高企业信息化效益。

"互联网 +"企业信息化绩效是企业的一项战略性活动，最终要与企业战略相对应，保证企业信息化战略价值，因此企业信息化战略是业绩评价的重点，并且企业业绩评价需要把战略目标转化为具体的衡量指标。

"互联网 +"企业信息化绩效是企业信息化管理的一部分，只有与其他活动相结合，企业才能在统一的业绩评价理念指导下，避免企业信息化的盲目投资。

"互联网+"企业信息化业绩评价需要多个利益相关者的参与，并且要注意评价的目的是提高利益相关者对信息化价值的认识，进而采取积极的行动支持和参与企业信息化建设，保证企业信息化实施的效果。

"互联网+"企业信息化业绩评价要以统一的思想和评价目的为指导，建立短、中、长期的阶段性评价标准。

另外，"互联网+"企业信息化业绩评价具有如下特点。

第一，长期性和滞后性。企业信息化是一项长期复杂的工程，建设期一般需要数年，并且其绩效在短期内难以展现出来。因此，在进行"互联网+"企业信息化业绩评价时，要考虑如何反映其长期绩效，为企业信息化发展决策提供有效的支持。

第二，间接性。"互联网+"企业信息化业绩有些可以直接表现出来，有些却只能间接地展现出来。因此，在进行"互联网+"企业信息化业绩评价时要考虑如何揭示信息化带来的间接作用，这种间接投入是否能使信息化投入有效地转化为信息化产出。

第三，广泛性及无形性。企业信息化在企业中的影响范围较大，涉及企业的人、财、物、信息等各个方面、各个部门，因此"互联网+"企业信息化业绩评价具有多维性。要综合评价企业信息化给企业生产、经营技术管理等方面带来的影响，不仅要考察财务指标，还要通过产品质量、消费者满意度、市场份额、创新能力等能反映企业经济状况和发展前景的指标来评价，同时还要注意信息化的机会、潜力，特别是其长期的、无形的效益。

第四，扩散性。企业信息化实施的效益不是企业独有的，顾客与供应商等都会从中获益。例如，企业信息化可以提高企业与供应商的信息交换速度，降低企业间的合作经营成本，提高企业协作能力等。而对这些外部效益的考察，增加了企业信息化绩效评价的难度，也使评价的主体不仅涉及组织内部的部门和员工，还包括客户供应商、咨询机构等多个外部主体。

三、信息时代企业信息化业绩评价研究现状

对于"互联网+"企业信息化业绩评价研究现状，可以从投入和产出两个视角进行梳理。

（一）投入视角下的信息时代企业信息化业绩评价研究

梁滨从生产过程信息化、流通过程信息化、管理信息化、组织结构信息化、生产要素信息化五个方面入手，构建了有 20 个二级指标的企业信息化业绩测评指标体系；侯伦等运用综合分析法，从信息化的组织建设、信息基础设施、信息化系统的应用入手，提出了评价企业信息化程度的指标体系；蒋晓芸等运用模糊集合论和主成分分析法，建立了以信息资源与装备类指标、信息技术普及与发展指标和信息技术利用率指标三类指标为主的山东省企业信息化指数模型；邱长波等把企业信息化评价指标体系分为企业信息化成熟度评价指标体系和信息化成熟度影响因素体系；洪江涛等运用主成分分析法，从信息化基础建设水平、信息化应用水平、信息主体水平、信息化效绩指标入手，构建了企业信息化评价指标体系；另外，庞庆华用灰色关联分析法，建立了企业信息化信息设备装备、信息技术应用的广度和深度、信息资源开发利用、信息化人力资本开发、企业信息化组织和控制五类指标体系。

（二）产出视角下的信息时代企业信息化业绩评价研究

产出视角下的"互联网＋"企业信息化业绩评价研究根据评论者的动因不同，又可分为功能、财务、战略和过程导向评价四大类，部分的研究主要集中在国外，并且研究的学者较多，下面重点梳理主要的观点。

第一，功能导向的评价，主要有三个关注点：技术性能、质量和满意度、生产率。技术性能的评价指标主要是从信息系统使用功能的角度来评价信息系统的效率和价值，有系统的容量、响应速度、软件开发时间、过载率、可靠性、利用率、存储速度和有效性等；质量和满意度的评价指标主要有信息质量、系统质量、使用、用户满意度、个体影响和组织影响；生产率评价主要是基于服务质量模型。

第二，财务利益导向的评价，主要有四个关注点：成本效益理论、经济增长贡献率、财务能力的评价理论和投入产出理论。成本效益理论主要是对IT 成本和效益的货币化度量，如总成本法、成本效益法、总体经济影响法等；经济增长贡献率主要是测算 IT 投资对经济增长率的贡献；财务能力的评价理论主要指 IT 应用后对企业的盈利能力、偿债能力、发展能力等方面的贡献，包括对净现值、内部收益率、投资回收期、会计回报率的评价等；投入产出理论主要测算 IT 投入总量和企业总体效益的关系。

第三，战略导向的评价，主要有四个关注点：资源绩效评价、战略一致性评价和贡献率评价、SIESTA 模型以及平衡记分卡。资源绩效评价主要是基于系统资源绩效和企业影响程度的评价模型；战略一致性评价和贡献率评价是运用德尔菲法调查发现，主管们最关注的是对战略的贡献，其次是与企业整体规划的一致性，最后是信息产出的质量和对财务绩效的贡献，并在此基础上提出的评价模型；SIESTA 模型主要从企业战略、信息战略、企业基础设施、信息基础设施等几个方面描述了 IS 项目对企业的价值和风险；平衡记分卡关注财务业绩，同时关注客户、过程等评价。

第四，过程导向的绩效评价，主要有五个关注点：从企业内部的价值形成过程与 IT 的关系出发研究 IT 的应用价值、IT 投资三阶段模型、效益促生模型、基于活动的利益分析和利益实现途径模型。

第八章　信息时代公司治理和激励机制

第一节　公司治理概述

公司治理结构是现代企业制度的核心内容，它的合理与否是影响企业绩效的重要因素之一。公司治理政策对于投资者信心、资本形成和配置等广泛经济目标的实现，发挥着重要作用。公司治理的质量影响着公司获取其发展所需资金的成本，以及直接或间接的资金提供方对于是否能公平、合理参与并共享价值创造的信心。因此，良好的公司治理可以促进企业的股权结构合理化，使股东和其他利益相关者确信其权利受到保护，能加强企业的内部控制，降低资本成本，易于进入资本市场，增强企业的核心竞争力，提高企业的经营业绩，实现企业的可持续发展。

一、公司治理的发展历史

公司治理的现代实践源于 17 世纪的荷兰。历史上首次记录的公司治理纠纷发生在 1609 年世界上第一家正式上市的公司荷兰东印度公司（VOC）中，其股东 / 投资者（最著名的是艾萨尔·勒梅尔，Isaac Le Maire）和董事之间发生了严重的纠纷问题。

第二次世界大战（1939—1945 年）之后，美国的经济扩张，跨国公司的出现，使管理阶层逐渐发展壮大。哈佛商学院的几位管理学教授研究并撰写了关于新课程的内容：《新创业管理》（迈尔斯·梅斯，Myles Mace）、《战略与结构》（阿尔弗雷德·D. 钱德勒 Alfred D. Chandler Jr.）、《组织结构与设计》（洛希，Lorsch）。根据洛希和麦克弗（Maclver）的说法，"许多大公司在没有充分问责或由董事会监督的情况下对商业事务拥有主导控制权"。20 世纪 80 年代，尤金·法玛（Eugene Fama）和迈克尔·詹森（Michael Jensen）将委托代理问题建立为理解公司治理的一种方式：公司被视为一系列契约。20 世纪 90 年代上半期，由于董事会首席执行官被解雇（如在 IBM、柯达和霍尼韦尔中），美国公司治理问题受到了相当多的关注。21 世纪初期，安然和世通公司（WorldCom）的大规模破产（犯罪渎职）以及较少的公司丑闻导致人们越来越关注公司治理。《2002 年萨班斯 - 奥克斯利法案》就是在这一背景下通过的。

对于中国来说，中国现代公司治理的进程与 1978 年对外开放后中国资本市场的快速发展密切相关。20 世纪 80 年代，国有企业首次发行股票，带来了活跃的场外交易市场。1990—1991 年，正式的股票市场在上海和深圳启动。1992 年，有关国有企业公司化和上市的新指引也随之发布。中国国有企业首次赴海外上市是 1992 年 10 月在纽约上市，随后于 1993 年首次在香港上市。20 世纪 90 年代后期，中国公司治理改革势头强劲，但这与其说是亚洲金融危机的副产品，不如说是为了提高在海外上市的国有企业的治理水平。21 世纪初，中国针对上市公司的独立董事、季度报告和董事会治理等进行了一系列重大改革。自那时起，中国发生了巨大的变化。在密集发布了一系列关于公司治理的政策之后，中国有关公司治理政策的发布节奏逐渐放缓。近年来，随着沪港通和深港通的开通，中国的股票市场掀起了又一波国际化浪潮，放松了对合格境外机构投资者（QF Ⅱ）的规定。2018 年 6 月，234 家各行业领先的 A 股公司首次被纳入美国 MSCI 明晟新兴市场指数，具有里程碑式的意义。虽然对外国投资者的资本控制和其他限制依然存在，但毋庸置疑，在可预见的未来，来自外国的各种投资必将在中国的公募和私募资本市场中扮演越来越重要的角色。

二、公司治理的定义

狭义的公司治理是指所有者（主要是股东）对经营者的一种监督和制衡机制，即通过一种制度安排，合理地配置所有者和经营者之间的权利与责任关系。它是借助股东大会、董事会、监事会、经理层所构成的公司治理结构来实现的内部治理，其目标是保证股东利益的最大化，防止经营者对所有者利益的背离。

广义上，公司已不仅是股东的公司，而是一个利益共同体，公司治理也不再是限于以治理结构为基础的内部治理，而是利益相关者通过一系列的内部和外部机制来实施的共同治理，其治理的目标不仅是股东利益的最大化，还是所有利益相关者的利益最大化。

三、公司治理的参与者

公司治理涉及公司管理层、董事会、股东和其他利益相关者等之间的一系列关系。

（一）公司治理的直接参与者

执行管理层、董事会、董事会专门委员会、监事会是主要负责公司治理的组织，他们都处在公司内部。

1. 执行管理层

投资者和债权人把公司的日常经营和活动都托付给执行管理层。

管理者和外部股东之间的代理冲突是最早受到人们关注的代理问题。股东和董事的效用函数并不一致，在经营中可能做出伤害股东利益的行为。董事会中股东、执行董事、独立董事的占比会影响到管理者与外部股东的代理冲突，同样，董事会成员的个体特征也会影响到他们的决策，从而影响到代理问题。

2. 董事会

董事会通常被认为是最重要的内部公司治理机制。毕竟，董事会的明确职能是代表其股东进行监督。董事会成员直接由股东任命，以确保管理层按照缺席的所有者的最大利益行事。董事会作为管理层的重要顾问来行使职权，但是除聘任和解聘高级执行官外，它并不参与公司实际上的日常经营，而是在确定公司经营财务和营销战略的过程中，利用其专长来帮助管理层。董事会还就沟通和财务报告向管理层提供咨询。如果运作有效，董事会就能够提供清晰、客观的指导，并监督管理层的业绩和行为。

3. 董事会专门委员会

对于上市公司，可设立战略、审计、提名、薪酬及考核等专门委员会。专门委员会的成员必须全部由董事组成，其中审计委员会、提名委员会和薪酬与考核委员会中独立董事应占多数并担任召集人。审计委员会中至少应有一名独立董事是会计专业人士。

4. 监事会

在中国的"双会制"公司治理结构中，监事会是除董事会之外的第二个主体，其主要职责是代表股东"监督"董事会和管理层的工作。与德国模式相同的是，中国的监事会里也包括职工代表。然而，两者的不同之处在于，中国的监事会对董事和管理层的约束力非常有限，无权聘用或解聘首席执行官或总裁。在公司法文本中，监事会的位置排在董事会之后。监事会的规模也比董事会小得多，通常只有董事会的1/3左右，因此很难实现全面监督。实际上，监事会的作用以"监视"一词来形容也许更为恰当。

（二）公司治理的促进者

鉴于恰当的公司治理是在公众公司内部运作的，所以董事会、监事会、董事会专门委员会和执行管理层应当负主要责任；但是，他们并不能实施针对他们自身的公司治理的所有方面。虽然上述各方积极地履行他们的职责，但仍需要四个关键的促进者来恰当地执行和监控有效的公司治理。这些角色包括内部审计师、外部审计师、交易市场（包括财务分析师）和缺席的所有者。

1. 内部审计师

内部审计师对一个公司的财务系统提供质量控制。在一家公众公司中，内部审计师负责保证内部控制存在且有效地运行。他们在监控和管理公司的经营、信息系统、财务报告和与舞弊有关的风险方面起着重大作用。此外，内部审计职能部门可以保证治理结构和过程在公司指南与外部法规之内有效地运作。调查舞弊和其他违法行为是内部审计师行使的另一项职能。如果得到恰当的实施，内部审计职能可以作为董事会、审计委员会和管理层用来保证公司的财务信息得以恰当地收集与报告的一个主要工具。内部审计师直接向审计委员会报告是最为理想的情况。

2. 外部审计师

虽然内部审计部门有助于确保对现行准则和法规的遵守，监管机构还是要求所有公众公司的财务报表都要经过独立的外部审计事务所的审计。外部审计师可以根据内部审计职能的客观和胜任程度适当地依赖内部审计师的工作。外部审计师的独立性和客观性有助于他们向投资者提供管理层根据现行准则恰当地编制和制作了财务报表的保证。外部审计师由审计委员会聘任，并直接向其报告。

3. 分析师

证券分析师通过检查财务报告和与公众公司有关的其他信息，为这些公司提供盈利预测和股票投资建议（买入、持有或卖出的具体建议），在证券市场中发挥着重要的作用。

（三）公司治理的利益相关者

公司治理的一个关键方面是确保外部资本以权益和债务两种形式流入公

司。公司治理也努力寻找途径，去鼓励公司各类利益相关者对公司进行从经济角度上最优化的人力和实物资本投资。一个公司的竞争力和最终成功是众多不同资源提供者联合贡献的结果，包括股东、员工、债权人、客户和供应商以及其他利益相关者。公司应承认，对于打造富有竞争力和盈利能力的企业来说，利益相关者的贡献是一种宝贵的资源。因此，促进利益相关者之间开展创造财富的合作，是符合公司长期利益的，公司治理的框架应承认利益相关者的利益及其对公司长期成功的贡献。

四、公司治理的机制

公司治理机制可分为内部机制和外部机制，一个良好的公司治理结构依赖于内部机制与外部机制的有机结合。

一般来说，内部机制包括股东大会、董事会、管理层激励机制、股权结构、大股东治理、信息披露和透明度等；外部机制包括公司控制权市场（接管市场）、产品市场的竞争、经理人市场、法律制度、独立审计制度、社会监督等。

公司治理中的内部机制以组织为导向，通过严密的组织结构来制约公司的经营者，强调投资者、企业职工及工会组织的平等参与，注重发挥利益相关者在公司治理结构中的作用。现代公司治理已不再局限于规范股东、董事会和经理之间的权利、义务、责任配置，还包括债权人和其他利益相关者之间权利、义务、责任的配置。

公司治理中的外部机制以市场为导向，通过资本市场、分散股权结构、增加机构投资者以及股东积极运用投票权对公司管理层进行监督约束，充分重视股东利益，顺应了公司治理机制的发展趋势。合理的报酬制度或激励机制，能使经营者的利益尽可能地与股东的利益结合起来，利用股票期权刺激经营者为自己的最大利益，也为股东的最大利益努力工作，这一机制已成为公司治理结构的重要组成部分。《OECD公司治理原则》规范了公司治理机制的六个方面，更加侧重市场、竞争、破产机制和金融市场对公司的外部治理。

本书认为，公司的外部治理和内部治理不是各自独立地发挥作用，而是相互联系、相互补充的，它们共同组成一个制度统一体，发挥合力作用。这提示我们在构建和完善我国的公司治理结构时，要内外兼顾，和谐统一。既要合理设置公司内部的组织机构，又要充分发挥市场机制、破产机制、竞争机制对公司的治理作用，建立一套适合本国国情的内部人和外部人合理分权、有效监督、相互支撑、相互制衡的公司治理机制。

第二节　评估和诊断企业的公司治理

目前，国内外对公司治理理论的研究已经取得了很大的成果，随着经济的不断发展，公司治理的风险不断显现，良好的公司治理显得格外重要。因此，要把关注的重点转移到对公司治理的评价上。对公司治理水平进行评价有着重要的意义：对公司而言，良好的公司治理评级可以减少信息不对称，降低公司的融资成本，而较低的公司治理评级可以鞭策和促进公司改善公司治理战略，提高治理水平；对投资者而言，公司治理评级可以作为投资决策的重要依据，帮助投资者做出正确的决策，是资产组合调整和分配的重要考虑因素；对监管者而言，公司治理评级可以使监管机构进一步了解上市公司治理状况，加强对上市公司的有效监管，促使上市公司的治理质量得到提高，并为同其他各国或各地区公司治理水平比较提供一个统一的可量化的标准，便于监管机构针对问题采取相应措施。

一、公司治理的基本原则

有效的公司治理原则主要包括以下几点。

1. 建立完善的组织结构

确认并公布董事会和管理层各自的作用与责任是奠定企业中管理和监督的坚实基础的方法之一。

2. 明确董事会的角色和责任

要明确董事会的角色和责任，就要引入独立董事。独立董事是指独立于公司股东且不在公司内部任职，并与公司或公司经营管理者没有重要的业务联系或专业联系，能对公司事务做出独立判断的董事，其具有四种不同的角色，即战略角色、监督或绩效角色、风险角色和人事管理角色。此外，还应明确董事会主席的作用，董事会主席是公司的代表，常为企业建立"公众形象"。董事会主席的作用还包括与股东的沟通，这种沟通是以法定的年报形式进行的。在许多管辖权内，董事会主席必须每年在年度股东大会和股东特别大会上以主席声明的形式向股东致函。

3. 提倡正直及道德行为

良好的公司治理最终需要诚信的人员，企业可建立一套行为守则，及时披露董事、经理和员工对公司证券进行交易的政策，还应考虑采取适当的遵守标准和程序。

4. 维护财务报告的诚信及外部审计的独立性

企业应要求首席执行官（或相应职位）和首席财务官（或相应职位）以书面形式向董事会报告，企业的财务报告在所有重大方面按照有关的会计准则的规定编制，真实公允地反映企业的财务状况和经营成果。企业还应该设置一个独立机构，以核实和维护企业财务报告的诚信。它要求建立一个审查和授权的结构，以保证企业的财务状况得到真实可靠的披露。该结构应当包括负责审查和审计的审计委员会及一个能够确保外部审计师独立性与胜任能力的程序。目前，独立的审计委员会的存在已经被国际公认为良好公司治理的一个重要特征。如果没有审计委员会，企业就更加需要披露替代办法是如何保证财务报表的诚信和外部审计师的独立性的，以及为什么没有审计委员会。

5. 及时披露信息和提高透明度

所有投资者都享有平等地及时了解公司重大信息的权利。信息披露的内容包括但不限于三大部分：财务会计信息，包括企业的财务状况、经营成果、股权结构及其变动、现金流量等，主要被用来评价公司的获利能力和经营状况；非财务会计信息，包括企业经营状况、企业目标、政策、董事会成员和关键管理人员及其薪酬、重要可预见的风险因素、公司治理结构及原则等，主要被用来评价公司治理的科学性和有效性；审计信息，包括注册会计师的审计报告、监事会报告、内部控制制度评估等，主要被用于评价财务会计信息的可信度及公司治理制衡状况。

6. 鼓励建立内部审计部门

内部审计部门应独立于外部审计师，它和管理层应进行必要的沟通，并具有从管理层获得信息和解释的权利。为了提高内部审计部门的客观性和业绩，内部审计部门应该直接向董事会或者审计委员会负责。

7. 尊重股东的权利

企业应当能够和股东有效沟通，使他们随时能够得到公司客观公正和易于理解的信息以及企业的计划，便于他们参加股东大会。为了尊重股东的权利，企业应当设计和披露沟通政策，以促进和股东之间的有效沟通，并鼓励股东有效地参与股东大会。公布公司的股东沟通政策也将帮助投资者获取信息。企业可以考虑如何最好地利用新技术，提供更多的机会，以便更有效地与股东沟通，并解决不能出席会议的股东的问题。

8.确认利益相关者的合法权益

企业对于非股东的利益相关者，如员工、客户或顾客和社会整体具有很多法律及其他义务。此外，企业可以通过管理自然、人文、社会和其他形式的资本来更好地创造价值。

9.鼓励提升业绩

董事和主要管理人员应具备有关的知识和信息，他们必须有效地履行职责，而且也需要对个人与集体的业绩进行定期和公平的审查。董事会及主要管理人员的业绩应定期通过可计量和定性的指标进行审查。

10.公平的薪酬和责任

企业应保证薪酬具有充分合理的水平和结构，以及其同公司和个人绩效的关系合理。企业必须采取能够吸引和挽留人才、激励董事及员工的薪酬政策，以促进公司业绩的提高。同时，披露薪酬政策是薪酬报告的基本要求，而薪酬政策的透明度应当表现为充分有效的披露。

二、国内外公司治理的评价体系

随着各国对公司治理评价的不断重视以及众多学者对公司治理评价研究的不断深入，现在已有多种评价体系应运而生，以此来指导公司治理机制的建立与完善。

（一）国外的公司治理评价体系

国外对公司治理的评价体系主要分为以下两种，分别是标准普尔公司治理服务系统、戴米诺公司治理评价体系。

1.标准普尔公司治理服务系统

国外最早的公司治理评价系统是 1998 年美国标准普尔公司（Standard & Poor）所建立的公司治理服务系统。标准普尔公司参考《OECD 公司治理准则》、美国 CALPERS 等提出的公司治理原则以及国际上公认的对公司治理要求较高的指引、规则制定评价指标体系，把公司治理评价分为国家评分与公司评分两部分。前者主要评估一个公司所处的外部环境，侧重于关注宏观层次上的外部力量如何影响一个公司治理的质量，侧重于外部治理机制，从法律基础、监管、信息披露制度以及市场基础四个方面予以考核；后者则主要分析公司管理层、董事会、股东及相关人员互动的有效性，主要集中于内部治理结构和运作，侧重于内部治理机制，包括所有权结构及其影响、金融相关者关系、财务透明与信息披露、董事会的结构与运作四个维度的评价内容。综合考虑内部治理机制和外部治理机制是该体系的特色之一。

2. 戴米诺公司治理评价体系

戴米诺（Deminor）公司则以《OECD 公司治理准则》以及世界银行的公司治理指引为依据制定指标体系，从股东权利与义务、接管防御范围、公司治理披露以及董事会结构与功能四个维度衡量公司治理的状况，重视公司治理环境对公司治理质量的影响。戴米诺公司治理评价体系特别强调接管防御措施对公司治理的影响，也十分重视国家分析的作用。国家分析提供了一个分析公司的基准，侧重于对与公司治理相关的法律方面的分析，以及对各国公司治理的分析，反映了各国蓝筹公司的公司治理实践。该评价体系包括70 多个指标，并不断更新。该体系在欧洲机构投资者中得到较广泛的认同，拥有众多机构投资者用户。

可见，标准普尔公司和戴米诺公司的两个评价体系在主要方面是相似的，即都重视一国公司治理的法律环境和达到的总体水平。股东权利、透明性和董事会是它们共同强调的方面。这与它们依据共同的公司治理原则（如OECD、世界银行等公司治理指引）有关。

（二）国内的公司治理评价体系

我国的较早公司治理评价体系有北京连城国际理财顾问公司于 2002 年推出的中国上市公司董事会治理考核指标体系，涉及经营效果、独立董事制度、信息披露、诚信与过失、决策效果五个方面。它主要从董事会治理的效果对董事会治理进行评价，不考虑董事会自身的状况。同时，国内也有其他一些机构或学者对公司治理的评价进行了研究，但都不系统、不全面。

目前，国内较为系统的公司治理评价体系是南开大学公司治理研究中心于 2003 年提出的"中国上市公司治理评价指标体系（CCGINK）"。该系统评价指标体系基于中国上市公司面临的治理环境特点，侧重于公司内部治理机制，强调公司治理的信息披露、中小股东的利益保护、上市公司的独立性、董事会的独立性以及监事会参与治理等，从股东权利与控股股东、董事与董事会、监事与监事会、经理层、信息披露以及利益相关者六个维度，设置了80多个评价指标，以期对中国上市公司治理的状况做出全面、系统的评价。

三、公司治理评价与公司绩效

（一）公司治理评价价值的理论分析

公司治理评价无论对于投资者还是公司本身而言都极为重要。

首先，公司治理评价系统是投资者进行决策分析的战略工具。几十年来，机构投资者一直扮演着加强公司治理的重要角色。公司治理对他们投资组合的财务风险有影响，因此自然成为他们投资战略不可缺少的一个组成部分。当投资者评估公司整体状况时，除考虑财务指标外，治理指标也被考虑在内。例如，TRAA-CREF首先会关注那些拥有较好治理表现的公司："我们首先考察一个公司的治理状况，然后是绩效。如果治理结构不良，我们不会等到问题实际发生。"由于公司治理结构是一个复杂的系统，投资者迫切需要一些对其进行评价的方法，以便在一个共同基础上对不同投资组合的风险/收益进行比较。这种需求促使了大量公司治理评价系统的诞生，公司治理评价也成为投资者进行投资决策时分析和测量相关风险的重要标准。

其次，公司治理有利于促进公司提高治理水平。公司治理状况好的公司，其股价必然要高，表现在股票市场上则是投资者愿意购买或持有公司股票，有利于企业资金的筹集。公司治理评价系统的运行，一方面使上市公司高管人员可以及时掌握公司治理的总体运行状况以及上市公司在各个具体方面的治理情况，并及时对可能出现的问题进行诊断，采取措施，最终确保公司价值的增加；另一方面，公司治理评价系统对上市公司的治理状况进行全面、系统、及时的跟踪并定期公布评价结果，这将对公司产生信誉约束，促使上市公司不断改善公司治理状况，最大限度地降低公司治理风险。

（二）公司治理状况和公司价值

公司治理应被视为达成公司目标和落实公司战略的一种制度安排，不能就公司治理本身来谈论公司治理。公司治理需要放在结构和机制中考虑，这种结构和机制使公司能够有效地制定战略，并提高经营业绩。一些主要使用美国数据进行的相关研究探索了公司治理机制和公司业绩之间的关系，虽然大部分研究并无定论，但也有一些例外，如米尔斯坦（Millstein）和麦卡沃伊（MacAvoy）通过研究一些被 CalPERS 认为得到良好治理的公司，发现积极和独立的董事会与卓越的公司业绩之间有着显著的相关性。贡佩斯（Gompers）研究显示，股东权力比较大的公司有着较高的回报、更高的公司股价和更加优秀的经营业绩。

实际上，用来研究公司治理和公司业绩的方法存在很多问题，因为公司业绩本身是一个很复杂的问题，不但存在如何计量的复杂问题，而且还是一系列因素协同作用的结果。公司治理仅仅是驱动企业业绩的一个可能因素，仅仅从公司治理角度来考虑公司绩效的变化，可能会比较片面。

比较而言，来自新兴市场上的研究则得出了一些令人兴奋的结果。布莱克（Black）认为，由于成熟市场上外部治理环境较为完善，上市公司的治理水平相差不大，治理水平与绩效之间并不存在显著的相关性；而在新兴市场上由于法规的力量薄弱，外部治理极不完善，公司间的治理水平存在着较大的差异，公司治理对企业价值和绩效会产生更大影响。CLSA 的统计数据也显示了公司治理水平和财务指标公司价值、股价表现之间的强相关关系。克拉伯（Klapper）和拉沃（Lover）也发现了公司治理与公司市场价值之间的正相关关系。一些更详细的研究进一步证实了这些发现。布莱克发现了公司治理行为对俄罗斯公司市场价值影响的具体程度，即公司治理得分每减少 3 个单位，就会带来公司价值 7 倍的提升。纽维尔（Newell）和威尔逊（Wilson）通过研究 6 个新兴市场发现，平均而言，公司治理状况从最差到最好会导致公司价值 10% ～ 12% 的提升。这些结论与德梅夫（Demev）和基姆（Kim）的研究结果相吻合，他们利用 CLSA 的公司治理评分代表公司治理质量的水平，发现治理较好的公司拥有更高的价值；如果一个公司的治理得分有 10 个点的增长，公司价值会有 13% 的增加。

很明显，对于公司治理和绩效之间的关系，仍需要进一步进行实证研究。但是，公司无法忽视来自投资者和市场的对完善公司治理的压力。绝大多数的投资者表示愿意投资治理水平较高的公司，并且愿意比业绩相同但治理水平较低的公司多支付一定的溢价。从这个角度而言，培育良好的公司治理机制可以获得在资本市场上的比较优势，降低投资者的预期风险，最终赢得较低的资本成本。

第三节　企业经营中的激励机制

公司治理涉及公司治理结构、公司治理机制和公司治理实务。公司治理不仅为现代企业的发展提供了重要的制度框架，还为企业增强竞争力和提高绩效提供了组织架构。公司治理机制、结构和实务三个层面的设计与建构的核心是在所有权和经营权分离的情况下所有者对经营者的监督和激励问题。因此，激励机制在企业经营中显得尤为重要。

一、激励机制对于企业经营的重要性

公司治理问题的关键是对经营者尤其是高级经理人员的责、权、利的制衡，主要体现为对企业剩余索取权和控制权的安排。从委托代理关系看，企业所有者（股东会）与高级管理层（公司高级经理人员）形成的公司一级合约，其核心内容是企业净剩余与企业价值的最大化；从产权关系看，产权关系既影响股权结构，又影响控制结构，而股权就是企业所有者对剩余的利得权；从企业管理和市场经济的角度看，作为资源转化系统的企业，其终极目标就是创造价值，即实现价值的增值——净剩余，公司治理就是指市场主体通过各种合约对剩余索取权和控制权进行分配。但问题的关键也是争议较多的是，作为公司法人财产权主体的经营者到底应该具有经营权还是所有权，换句话说，就是公司高级经理人员对企业净剩余索取权的确认问题。

在现代企业制度下，企业的经营权和所有权分离导致了代理成本的产生，这是人们熟知的委托代理问题。由于经营者追求的是自身利益最大化，往往与所有者权益相悖，偏离所有者利益最大化原则。股东将决策权委托给管理者，管理者有能力为自己的利益调整企业资源，为了减轻股东和管理者之间可能存在的利益冲突，往往在实践中采取合理的激励计划。此外，现代企业管理的核心是对人的管理。企业管理面临的首要任务就是引导和促使员工为实现组织目标做出最大的努力，然而员工加入组织的个人目标往往与组织目标不尽一致。怎样才能使员工为实现组织目标做出最大努力，就是激励机制所解决的问题。

　　有效的激励机制有利于更好地吸引人才，不断提升员工整体素质。企业之间的竞争很大程度上是人才的竞争，只有拥有更多更优秀的人才，才能真正在市场经济发展中站稳脚跟。因此，企业管理中实施人才激励机制，有助于鼓励优秀的人才进入公司并更加努力地工作，发挥最大的潜能，从而为企业创造更大的价值。同时，激励机制能够促使企业形成一种积极向上的工作氛围，促使文化素质低、业务能力差的员工进一步学习，充实自我，提高自身素质和能力来适应公司的发展，因此能够从总体上促进企业发展。

二、实施激励的方式

　　在心理学家看来，人类的行为基本上都属于动机性的行为。也就是说，人们的行为并非漫无目的的，而是包含目的性的。这种目的性来源于人的需求，有需求就会产生动机，有动机才会发生行为。当这种需求没有得到满足时，人在心理上就会产生紧张感，造成生理或心理上的不安，从而激发个体的内在驱动力。这种驱动力能使人们采取行动去实现某个目标，当目标实现之后，原有的需求被满足，紧张感和动机也就消弭了。因此，激励的过程就是人的需求被满足的过程，它从需求不被满足开始，以愿望达成、需求得到满足结束。对企业组织来说，激励就是组织通过设计适当的外部奖酬形式和工作环境，以一定的行为规范和惩罚性措施，借助信息沟通来激发、诱导和保持组织成员的行为，有效实现组织目标及其成员个人目标的系统活动。

　　所谓激励机制，就是通过诱导因素、产权合约、组织设计以及各种报酬与补偿等一套理性化的制度，将各种激励方法与其他措施相结合，实现现代企业良性运行、快速发展的激励体系。企业实施激励的方式有很多种，一般而言，包括物质激励和精神激励，具体包括薪酬激励、股权激励、晋升激励、目标激励、情感激励等。下面着重阐述薪酬激励、股权激励、晋升激励和情感激励。

（一）薪酬激励

　　薪酬激励机制是企业运用薪酬的刺激，使员工个人采取某种积极行为，努力实现某种目标，从而提高劳动生产率的做法，对企业竞争力有巨大的影响。在现代市场经济中，它已成为各国企业人力资源管理的主要内容之一。这一机制对中国这样一个发展中国家而言，意义尤为突出。

所谓薪酬，是指以各种形式付给员工的工资或报酬。薪酬包括直接经济报酬和间接经济报酬两个主要部分。直接经济报酬包含工资、奖金、佣金和分红，而间接经济报酬则由公司支付的保险以及带薪休假等经济福利组成。在我国，薪酬一般由薪资、奖金、津贴、补贴等部分构成。基本薪酬是员工工资体系的基础，也是公司在计算企业员工的加班工资、带薪休假以及工伤工资等方面的基础系数，常按员工级别来划分等级档次。奖金是给工作表现出色的员工的奖励。津贴是企业对员工的一种补偿方式，也是对公司员工的健康和精神等方面的一种补偿。补贴通常是公司为了保证职工能够完成工作而向员工提供的生活补助。

企业实行薪酬激励时，有必要了解、研究、参考劳动力市场的薪酬制度、薪酬水平等基本情况，尤其是与自己有竞争关系的企业或同行业的类似公司的情况，重点考虑员工的流失去向和招聘来源。同时，要制定员工绩效标准，因为在以职位定薪酬的传统薪酬体系下，员工只知道自己应该做什么，而不清楚应当达到什么样的绩效标准，而以绩效定薪酬的制度则可以扭转这样的情况。此外，企业需要针对不同层级的员工设计不同的薪酬结构，并且还应当随着员工职位变迁、技能提升、需求层次的变化，对员工的薪酬结构做出相应的调整。

（二）股权激励

一般来说，企业的所有者与员工之间的利益是不完全一致的。所有者注重企业的长远发展和投资收益，而企业的管理人员和技术人员受雇于所有者，他们更关心的是在职期间的工作业绩和个人收益。两者价值取向的不同必然导致双方在企业运营管理中行为方式的不同，且往往会出现员工为个人利益而损害企业整体利益的状况。对于企业的管理人员来说，经理人和股东实际上是一个委托代理的关系，股东委托经理人经营管理资产。但事实上，在委托代理关系中，由于信息不对称，股东和经理人之间的契约并不完整，需要依赖经理人的"道德自律"。股东和经理人追求的目标是不一致的，股东希望其持有的股权价值最大化，经理人则希望自身效用最大化，因此股东和经理人之间存在"道德风险"，需要通过激励和约束机制来引导与限制经理人行为。

实施股权激励的结果是使企业的管理者和关键技术人员成为企业的股东，使其个人利益与公司利益趋于一致，因此有效弱化了两者之间的矛盾，形成企业利益的共同体。实施股权激励后，企业的管理人员和技术人员成为公司的股东，具有分享企业利润的权利。经营者会因为自己工作的好坏而获得奖励或惩罚，这种预期的收益或损失具有一种导向作用，会大大提高管理人员、技术人员的积极性、主动性和创造性。员工成为公司股东后，能够分享高风险经营带来的高收益，有利于刺激其潜力的发挥。这就会促使经营者大胆进行技术创新和管理创新，采用各种新技术降低成本，从而提高企业的经营业绩和核心竞争能力。

（三）晋升激励

晋升激励机制就是依靠晋升来激励员工，提高其工作积极性。晋升是指员工由较低层级职位上升到较高层级职位的过程。众所周知，劳动分工是提高效率的手段之一，于是企业内部就按照专业划分为许多职系，这些职系又被分为许多职位，这些职位形成了层级系列，就有了晋升的条件。企业需要评价员工，看其是否能晋升到高一层级的职位上去。

晋升机制有两个作用：一是资源配置，二是提供激励。这两方面都有利于降低员工的流失率。晋升机制资源配置的作用，通俗地说就是合适的人做合适的事，实现能力和职位的匹配，这是人力资源管理的一项重要任务。提供激励是指较高层级职位的收入和地位给处于较低层级职位的员工提供了激励。传统观念依然影响着现代社会的员工，他们的价值观中有一种根深蒂固的观念，即在企业中身居要职是能力和地位的象征，甚至将晋升当成个人成功的主要衡量标准。所以，良好的晋升机制给员工创造了追求晋升的氛围，能够为其晋升提供支持和保障。于是，为了获得荣誉上的满足感，员工会努力工作，以求以更快的速度得到提升，他们的使命感增强，在一定程度上延缓了工作流动的行为，降低了工作流动的概率。

（四）情感激励

据国外科学家测定，一个人平常表现的工作能力水平与经过激励可能达到的工作能力水平存在 50% 左右的差异，可见人们的内在潜能何等之大！

这就要求企业经营管理者既要抓好各种规范化、制度化的"刚性管理"，又要注意各种随机性因素，注重感情的投入和交流，注重人际互动关系，充分发挥情感激励作用。

情感是影响人们行为最直接的因素之一，每个人都有各种情感诉求。情感激励是通过建立一种人与人之间和谐良好的感情关系，来调动员工积极性的方式。因此，企业领导者要及时了解并主动关心员工的需求，以建立良好、健康的人际关系、工作关系，从而营造出一种相互信任、相互关心及支持、团结、融洽的工作氛围，使被管理者处处感到自己得到了重视和尊重，以增强员工对本企业的归属感。

第四节 信息时代公司治理的变革

21世纪，人类已进入了互联网时代，互联网技术的快速发展改变了人类行为和商业运作。国家大力支持新技术、新产业、新业态，实施网络强国战略，实施"互联网+"行动计划，出台了《"互联网+流通"行动计划》和《关于积极推进"互联网+"行动的指导意见》等多项支持政策。在我国产业政策的扶持和推动下，我国互联网产业呈现持续快速发展态势，网民数量不断增长，互联网与经济社会深度融合的基础更加坚实。"互联网+"对应的是一个新经济时代的到来，这意味着互联网不再是一个单纯而独立的行业，它将与各行各业结合起来，共同组成新经济时代。互联网加速了信息的流动，也使技术网络、组织网络和社会网络深度融合，催生了互联网金融等新兴商业业态。这种全新的商业模式使传统的公司治理范式在互联网时代面临巨大挑战。

一、互联网背景下公司与传统公司治理的特征比较

在传统的企业公司治理中，其企业的架构以层层架构、垂直领导、金字塔式的权威组织结构为主，其商业模式是由投入转换为产品，依据资产收益率、销售利润率反映公司的价值和市场占有率，其运营模式是单一行业或行业上下游的简单集成，是简单的"供—产—销"流程，其决策收益是线性的，有既往或行业经验可以借鉴，有财务数据和分析工具可以利用。中小股东参与公司治理的程度较低，参与积极性较低，而参与公司治理的成本

较高。此外，传统企业治理结构复杂化、垂直化，治理成本较高，效率也较低。

互联网背景下的公司治理中，其企业架构是以相对自由竞争且高度扁平化的组织结构为主，其商业模式是一种创新的治理机制，在提高产品及服务，吸引最广泛的用户群体方面，互联网技术会提供信息、数据会反映大量活跃用户的信息及其偏好，这些都是潜在价值。其运营模式主要利用互联网平台和技术创新，企业的经营活动、管理活动和治理结构呈现互联网化及信息化。其决策机构较为扁平化，依据信息，或者是具有非线性特征，没有直接参考的信息，通常是首创的、独一无二的，经常是股东所无法理解和接受的。中小股东参与公司治理的程度较高，且参与积极性也较高，参与公司治理的成本较低，依托互联网平台，线上实时参与企业管理。此外，充分利用互联网技术的企业，其治理结构较为扁平化，提高了治理效率。

二、"互联网+"下公司治理的变革

目前，众多学者对"互联网+"带来的公司治理变革问题作出了一系列的前沿研究。在此，参考李维安、钱爱民、刘建江、谢永珍等多位学者对互联网背景下公司治理问题的研究，总结出以下几点。

（一）互联网时代带来了多样化金融管理模式

互联网时代，对众筹等项目感兴趣的消费者可直接转变为投资者，这直接降低了投资者的门槛。但是与普通股东相比，这类投资者无法基于传统公司治理框架，通过表决参与企业决策，承担相应责任。传统模式的投资者比较侧重控制权，而互联网时代的投资者更加看重收益权，追求资本的短期回报。"互联网的发展促进了新的治理手段的涌现。社群等外部治理主体让产品供给由卖方市场转换为买方市场。"钱爱民强调，互联网缩短了时空的距离，提高了中小股东参与公司治理的便捷性和积极性，降低了公司治理成本。

（二）垂直治理转向网络化、扁平化、虚拟化

传统的公司治理结构是垂直的，决策需要通过层层信息传递，这种垂直模式无法保证对顾客群体需求的快速响应且缺乏有效激励，难以保持企业发

展所需的持续动力。李维安认为，随着集团治理、跨国治理的发展，公司治理实际上也朝着扁平化、网络化的方向发展。但是互联网、移动互联网等新技术的出现，使原有的企业内网络、企业间网络和社会网络由于技术的导入发生了革命性的变化。网络治理表现在两个方面。一是利用网络进行治理，网络是工具，如当初股权分置改革，就导入了网络投票。二是对网络型组织如何治理。现在确实是往这两方面走了，而且变化是巨大的，因为网络治理的特点不只是更加强化了多元利益相关者参与治理。另外，治理行为的出发点也不只是简单地从自身出发，还有一个协同效应，治理的边界得到了拓展。网络治理使治理行为、治理边界、治理成本、治理风险、治理评价都发生了很大的变化。

（三）弱化了利益主体之间信息的不对称性

在委托人与代理人履行合约的过程中，他们各自拥有的资源的性质和相对稀缺性是不同的，由此导致各相关利益主体的地位及其所拥有的信息量的不同，最终决定了签约各方的不对等性，这种不对等本质上是由信息的不对称性引起的。互联网新业态的出现为公司治理提供了新的手段，移动互联强化了网络治理，还催生了新的股东社群，原本不参与治理的小股东现在也积极参与治理了，交互在线、实时不受地域限制的移动互联弱化了利益主体之间的信息不对称性，推动了公司治理的现代化。

（四）推动治理权力重组和治理模式创新

阿里巴巴集团（简称"阿里"）作为网络高科技企业，无论对美国还是中国香港市场来说，都是值得争取的对象，但何以阿里上市之路如此坎坷？其核心在于围绕控制权的制度创新——"合伙人制"与外部治理环境的冲突和再匹配。阿里的合伙人制度其实就是在公司章程中设置的提名董事人选的特殊条款，即由一批被称作"合伙人"的人来提名董事会中的大多数董事人选，而不是按照持有股份比例分配董事提名权。

阿里的合伙人制度本质上类似给予马云等合伙人以控制权优先股，是现有规则难以解释或允许的治理模式创新。那么为什么在马云等并未让渡收益权的情况下，雅虎、软件银行集团等大股东却没有提出异议，反而支持合伙人制度顺利通过呢？在高科技网络组织中，控制权对技术持有者至关重要，是技术能够自由流动、使用和发挥应有效果的保障。沿用垂直化治理模式无法保证对技术持有者的有效激励，难以保持企业发展所需的持续动力，所以对于网络组织来说，垂直化治理模式已经不再适用，需要调整以技术核心为主的管理层在治理链条中的位置，逐渐向"扁平化"治理模式发展。

（五）网络投票与中小股东权益保护

现代公司治理利用移动互联时代的技术，可以降低利益相关者包括中小股东参与公司治理的成本。这个变化是革命性的，而这方面的变化又带来了投资者关系管理的新机会和新问题。现在人们利用信息技术开展网络营销，营销的是产品和服务，面对的是消费者和客户。对于公司董事会、高管、董秘们来讲，他们要考虑如何利用移动互联技术和网络治理思想、营销公司，开展好投资者关系的管理，服务好投资者这个资本市场的"上帝"。

移动互联网推动了公司治理的发展，同时新兴移动社交群体对治理也有很大的影响。信息时代的到来加速了信息流动，但是怎样让公司治理在信息时代下也进行改善和变革呢？开展网络投票就是一个有效的方法。事实表明，大股东、小股东、参与现场投票的股东和利用网络投票的股东，尤其是小股东，他们的立场、利益、诉求不同，开展网络投票，股东参与结构发生变化，直接影响股东大会投票和决策的结果。

正如上述所说，互联网时代的到来在给公司治理发展带来新变革的同时，也给公司治理带来了严峻的挑战。公司治理的变革发展离不开内部组织结构的调整、配套的具体制度和机制的建设，以及外部政治、市场、法律环境的营造。公司治理应该是与时俱进的，随着时代以及市场环境的变化而变化的，需要人们不断地探索与创新。

第五节　信息时代企业员工激励的新发展

当下是移动互联的时代。移动，强调便捷、灵活与快速；互联，强调沟通、交流与分享。在这个大的时代背景下，"互联网＋"企业纷纷涌现，其天生带有互联网的独特属性：灵活多变，强调敏捷性，且以结果为导向。"互联网＋"企业的历史并不久远，属于"年轻"的一代，还处于探索阶段。因而其对企业发展具有重要意义。激励机制作为能持续激发员工主动性和创造性的体系，在"互联网+"的影响下，企业也应该与时俱进，创新企业激励机制，留住人才，提高核心竞争力。本节介绍了互联网时代员工激励的新契机和新维度，同时着重以薪酬激励为例来阐述"互联网+"对激励机制带来的影响，此外也简略涉及了"互联网+"下企业需要提供及时的员工激励，结合"互联网+"的特色提供精神激励。

一、信息时代下员工激励新契机

第一，信息时代，提供了人力资源价值量化管理新契机。互联网时代首先是一个互联的时代，依托（移动）互联网技术，人与人之间实现了低成本、零距离、高频次的交流，这种前所未有的交流产生了大量数据、信息和知识，进而开启了一个信息时代。一方面，人力资源实践蕴含的大量信息得以以大数据的形式进行量化，如员工为组织创造的价值以及对经营绩效的贡献等能够通过客观的数据科学量化，提供了人力资源价值的量化管理新途径；另一方面，员工与员工之间、员工与组织之间的互联与交流产生的大量数据背后，隐藏着员工的行为动机、需求期望、内心情感、价值诉求等，隐藏于行为背后的心理层面的信息如剥茧抽丝般显现出来，这也为员工激励提供了更有成效的量化管理契机。

第二，云端共享时代，提供了开启数字化激励流程变革新契机。互联网时代也是一个云端共享的时代，随着云计算技术的日益成熟和应用，依托云端的数据处理也为激励流程的变革提供了新契机。云端共享以其超大规模、超快速度、超低成本的处理特点实现了海量数据的深入挖掘，员工的行为、情绪、绩效等各个方面的动态能够快速在数据上有所反映，并呈现给管理者，这使传统的周期激励得以转变为数字化、全面化、即时化的激励流程，并借助多端链接打造一体化激励流程，全面提升员工的激励效果。

第三，信息时代，提供了促进员工自我管理变革新契机。从互联网时代背景来看，价值创造的网络化以及组织管理的去中心化为新生代员工提供了自主管理、自主创造的契机，因此这是一个自我成长需求、自我管理需求、价值创造需求等内心深处高层次需求爆发的时代。从激励过程角度出发，讲究的是一个"动机—行为—目标实现"的过程，这个过程反映了员工个人行为结果对目标实现的贡献程度，以及目标实现对员工个人动机的满足程度。知识经济的互联化和组织形态的复杂化使员工进行价值创造具有更多的可选择性，因此员工对某一单一组织的依赖程度降低。传统的激励模式是将组织目标强加于员工，并通过提供（通常是）物质激励强化员工为组织目标的实现而做出的行为，这种模式最大的问题在于员工只聚焦于某种激励物，一旦该激励物对员工失去吸引力，这一激励过程立即瓦解。在互联网时代，企业更多的是强调员工对组织目标的认可，使员工将该目标视为自己为之奋斗的理想，将组织意愿转化为员工的自觉行为，并进行自我管理。这是一种"动机—行为—目标实现"的过程，是自我驱动、自我管理的过程，互联网时代下的员工激励应提供有助于员工自我驱动的环境，以此为触点激发员工的自我管理。

二、信息时代创新薪酬激励制度

虽说"互联网＋"企业的薪酬策略应根据企业及行业特点进行创新，但这并不意味着可以将传统企业薪酬的方法与规则完全弃之不用。大多数传统企业针对不同员工群体实行不同的薪酬策略。例如，对高管采用年薪制；对中层管理人员及职能端人员实行岗位绩效工资制等。企业可以保留原有的薪酬激励制度，结合"互联网＋"的特色对员工的薪酬激励制度进行一定的创新，使其更能实现个人价值。

具体来说，可以充分运用数据，建立具有竞争力的薪酬机制。随着时代的发展，我国大部分企业已经认识到薪酬制度的重要性，但是只有很少一部分企业会根据我国政府机关所公布的薪资数据来制定薪酬制度。相当大一部分企业在制定薪酬制度和绩效考核制度时，仍旧是以网络上提供的数据为基础。由于网络上充斥着各种真假难辨的数据信息，根据这样的薪资数据信息制定薪酬制度，容易导致所制定的薪酬制度与市场薪酬平均水平存在较大的差异，进而缺乏竞争力。而在"互联网＋"时代下，除运用互联网技术进行人员考勤、人员招聘以及人员培训外，还可以充分运用大数据来对企业员工的期望薪资值进行预测，从而为岗位设置提供更加真实可靠的数据。依靠这些数据进行人员招聘和人员培训，能够促使招聘的人才更加适合企业的发展，使所培训出来的人才更好地完成工作，也为企业制定发展战略规划提供了依据。"互联网＋"时代下，企业对于员工工作的量化标准更加清晰明确，这些数据并不是单一地作为对员工进行奖惩的依据，而是作为决策性数据，运用于企业的发展战略规划的制定中。

此外，企业可以借助互联网技术构建自己的薪酬体系平台，包括岗位评价、薪酬等级、薪酬计划、薪酬结构、福利保险等，实现员工工资处理自动化、工资支付电子化，合理控制人工成本，优化薪酬管理，提高员工满意度和组织的整体绩效，帮助组织建立及时、准确、人性化的薪酬管理制度。以信息技术为基础的薪酬体系平台有利于组织战略目标的实现，调和组织上下劳资关系。同时，员工的薪酬福利可以利用互联网实行公开、透明的管理，体现了公平，可以有效提升员工对企业的忠诚度。

管理学家彼得·德鲁克说过："企业只有一项真正的资源——人，管理就是充分开发人力资源以做好工作。"激发员工为企业发展做贡献，很大程度上依赖于激励机制。在日新月异的互联网时代下，传统的激励模式已经无法满足员工不断变化的需求。因此，企业需要不断地寻找员工激励机制发展的新方向或者新契机，结合"互联网＋"的特点，针对企业激励机制做出一定的创新，以此来迎接互联网时代的来临，为企业留住人才，形成稳定的核心竞争力。

三、信息时代下及时的员工激励

首先，分析员工的情绪和行为。企业要有效利用互联网网络，及时收集企业员工的宝贵信息，将员工信息转变为数字价值，用收集到的数据分析员工的情绪和行为，并制定合理、正确的激励措施，从而充分发挥员工的资源价值。

其次，整合人才系统，形成员工价值体系。在员工资源价值转换成数据的前提下，企业要建立完善的人才系统，做到精准选人、全面性发展人、供应链化打造人，从而形成完善的员工价值体系。这样，不仅能够提供及时的员工激励，还能继续培育人才、发展人才。

最后，利用数据系统实现即时反馈。企业可利用网络平台反馈员工的考勤与绩效，同时企业员工可通过互联网平台清楚自己在工作中的表现，也可及时回应企业的反馈，参与管理。这无疑是一种有效的员工管理方式。绩效考核给予员工及时、全面的评价，能够体现出企业对员工的重视，从而达到激励员工的目的。

四、信息时代创新精神激励

首先，建立网络零距离沟通平台，与员工建立情感联系。互联网时代带来的是一个透明、零距离的沟通环境，企业员工可以利用网络沟通平台让管理者清楚自己精神上的需求，企业同样也可以通过网络及时接收员工的交流信息，并提供反馈，与员工建立情感联系。

其次，让员工参与企业员工管理，形成"粉丝效应"。每个员工都可通过网络渠道，如微信公众号、邮件等方式参与企业员工管理。例如，小米提出，使员工成为"粉丝"，使"粉丝"成为员工，进而打造"粉丝文化效应"。

最后，深化人才价值体验、人才激励。企业人力资源部门在制定相应的管理决策时，要灵活运用互联网思维，强化价值管理的体验内容，体现对企业员工的重视和尊重，从而实现对人才的激励。

参考文献

[1] 李亿豪 . 互联网 +: 创新 2. 0 下互联网经济发展新形态 [M]. 北京 : 中国财富出版社 , 2015.

[2] 李萌 . 企业文化在对企业管理中的战略定位 [J]. 企业文化（下旬刊）, 2018(6): 18.

[3] 周舒玲 . "互联网 +" 背景下的企业战略管理创新研讨 [J]. 黑龙江科学 , 2018, 9(21): 152–153.

[4] 何红梅 . 中小企业实施战略成本管理存在的问题及对策研究 [J]. 经贸实践 , 2018(23): 4–5.

[5] 鲁橙橙 , 秦浩淞 . "互联网 +" 时代企业人力资源管理模式的转变与创新 [J]. 科技视界 , 2018(23): 173–175.

[6] 闫格 . 互联网 + 时代下的企业人力资源管理趋势 [J]. 智库时代 , 2018(37): 156，158.

[7] 李滢 . "互联网 +" 背景下人力资源管理的发展前景 [J] 改革与开放 , 2018(16): 151–153.

[8] 张永雄 , 王学力 , 王亮明 . 精准扶贫工作生态管理机制的创新研究 [J]. 杨凌职业技术学院学报 , 2018(4): 73–77.

[9] 张春英 . 论现代企业管理中的人本管理 [J]. 铁路采购与物流 , 2018, 13(7): 68–69.

[10] 田迪强 , 李志 . 人力资源激励理论在企业中的应用研究思考 [J]. 财经界 , 2018(30): 130–131.

[11] 陈丹 . 互联网 + 时代下企业人力资源管理新趋势初探 [J]. 经贸实践 , 2018(13): 265.

[12] 李宏达 . 基于企业战略转型的人力资源管理分析 [J]. 价值工程 , 2018, 37(36): 60–62.

[13] 李蕾 , 许婵娟 , 祝丽娟 , 等 . "互联网 +"时代下人力资源管理的新趋势及对策分析 [J]. 环球市场 , 2017(21): 35.

[14] 吴玉凤 . 大数据时代提高企业管理决策水平的策略探究 [J]. 企业改革与管理 , 2017(6): 47.

[15] 王转建 . "互联网 +"视域下人力资源管理的新趋势及对策分析 [J]. 平顶山学院学报 , 2017, 32(2): 126–128.

[16] 任峰丽 , 杨冬梅 , 企业文化创新对企业管理创新的影响探究 [J]. 中国商论 , 2017(18): 91–92.

[17] 贺小桐 , 刘雨萌 . 融合发展背景下出版企业人力资源管理的创新对策研究 [J]. 出版科学 , 2017, 25(5): 5–8.

[18] 董枳君 . 钱爱民：互联网时代迎来公司治理新变革 [J]. 商学院 , 2017(1): 63–64.

[19] 崔涛 . 大数据时代企业管理的新模式 [J]. 中国商论 , 2016(7): 28–29.

[20] 蒙俊 . 互联网时代的员工激励研究：一种依托文化维系的内在激励模式——以阿里巴巴集团为例 [J]. 中国人力资源开发 , 2016(16): 16–21.

[21] 贾宝先 . 马克思主义人学视阈下互联网时代企业人本管理问题研究 [J]. 学周刊 , 2016(9): 9–10.

[22] 李朝春 . 大数据时代下的市场营销机遇与挑战 [J]. 中国商论 , 2016(26): 1–2.

[23] 贾玉洁 . 大数据时代下市场营销的新模式探讨 J] 中国商论 , 2016(28): 3–4.

[24] 叶成杰 . 大数据时代下市场营销的机遇与挑战 [J]. 中国商论 , 2016(20): 11–12.

[25] 陈香莲 , 赵婧 , 刘永忠 . 大数据时代下的市场营销机遇与挑战 [J]. 中国商论 , 2016(10): 13–14.

[26] 金顺峰 . 探究企业文化对当代企业经济发展的作用 [J]. 财经界 , 2016(9): 137, 153.

[27] 李丽 . 浅议"互联网 +"下的会计信息披露 [J]. 现代商业 , 2016(8): 160–161.

[28] 丁华 , 李健 . "互联网 +"对企业财务信息披露的影响分析 [J]. 会计之友 , 2016(24): 107–109.

[29] 李倩, 杨柳. "互联网+"背景下高职人力资源管理职业人才创新培养 [J]. 教育与职业, 2016(10): 86–88.

[30] 郭泽琼, 方英. 企业人本管理理论模式与基本途径探索 [J]. 化工管理, 2015(13): 79–80, 89.

[31] 谢永珍. 公司治理 2.0 时代 : 董事会的挑战与创新 [J]. 董事会, 2015(11): 42–46.

[32] 刘新勇. 基于"互联网+"的会计信息披露研究 [J]. 商业经济, 2015(10): 82–83.

[33] 彭剑锋. 互联网时代战略转型的四个案例——小米、海尔、华为与阿里巴巴 [J]. 中外企业文化, 2015(2): 7–11.

[34] 徐伟锋, 杨灵. 大数据时代医院财务管理的创新应用 [J]. 中医药管理杂志, 2015(2): 153–154.

[35] 汤谷良, 张守文. 大数据背景下企业财务管理的挑战与变革 [J]. 财务研究, 2015(1): 59–64.